数字税收年度报告

(2021~2022)

ANNUAL
DIGITAL TAX REPORT
(2021~2022)

中国人民大学数字税收研究所
编著

中国财经出版传媒集团
经济科学出版社
Economic Science Press

图书在版编目（CIP）数据

数字税收年度报告. 2021～2022/中国人民大学数字税收研究所编著. --北京：经济科学出版社，2022.11

ISBN 978-7-5218-4387-3

Ⅰ.①数… Ⅱ.①中… Ⅲ.①信息经济-税收管理-研究报告-中国-2021-2022 Ⅳ.①F812.42

中国版本图书馆 CIP 数据核字（2022）第 225567 号

责任编辑：胡成洁
责任校对：易　超
责任印制：范　艳

数字税收年度报告（2021～2022）
中国人民大学数字税收研究所　编著
经济科学出版社出版、发行　新华书店经销
社址：北京市海淀区阜成路甲 28 号　邮编：100142
经管中心电话：010-88191377　发行部电话：010-88191522
网址：www.esp.com.cn
电子邮箱：lianyi63@qq.com
天猫网店：经济科学出版社旗舰店
网址：http：//jjkxcbs.tmall.com
北京季蜂印刷有限公司印装
710×1000　16 开　13 印张　200000 字
2022 年 11 月第 1 版　2022 年 11 月第 1 次印刷
ISBN 978-7-5218-4387-3　定价：68.00 元
（图书出现印装问题，本社负责调换。电话：010-88191510）

序

数字税收是一个重要的研究领域。随着数字经济的不断深入发展，在税收领域出现了新的研究对象，目前看来大致包括三方面：一是数字技术在税务管理中的应用；二是数字经济发展对现有税收政策与制度的冲击和挑战；三是数字技术与经济高度融合之后，税收政策和管理领域的创新和变革。

数字税收是一个前沿性的交叉学科，具有较高的研究难度。我们以数字税收为对象开展相应的研究和人才培养工作，信心来源于较长时期的积累和各方的大力支持。

2020 年上半年，原中国人民大学金融与财税电子化研究所经学校有关部门批准，更名为中国人民大学数字税收研究所。金融与财税电子化研究所由谭荣华教授于2000 年4 月创建，经过20 年的发展，成为国内这一领域的知名研究机构，积累了丰厚的学术影响和科研成果，这为我们开拓新的研究领域奠定了基础和信心。在研究所更名之后，谭荣华教授担任研究所的学术总顾问，继续指导我们在这一领域的成长。

在数字经济成为重组全球要素资源、重塑全球经济结构、改变全球竞争格局的关键力量这一背景之下，学校和学院领导支持研究所聚焦数字税收研究，为开展这一方面的交叉科学研究提供了大力支持。在2021年，启动了“数字税收”跨学科交叉平台，该平台充分发挥中国人民大学的学科优势，联合了信息学院、人工智能学院、法学院等学院的科研力量。

支撑还来源于财税主管部门、业内领先企业。在2021年7月，在国家税务总局北京市税务局的支持下，中国人民大学数字税收研究所举办了以“数字赋能税收现代化”为主题的数字税收论坛。数字税收研究所还得到了业内领先财税科技企业的信任，目前是“互联网＋财税”联盟的秘书处单位。国家税务总局及各省市税务局、中国税务学会等机构在研究和实践中也给予了我们大量的帮助和支持。

今年的数字税收报告是我们的第一次出版尝试，试图对现有的研究成果搭建一个初步的梳理框架，目前的考虑是基于数字经济的发展，针对数字经济造成的问题和挑战，探索数字税收制度的解决方案，由于数字经济的国际税改“双支柱”方案相对成熟，因此在本书中单独列为一章加以介绍。本书的主要目标是整理现有研究，因此还收录了研究所与毕马威合作的《以数治税与企业税务数字化转型》、国家税务总局科研所的《数字经济对我国税制和征管的影响及建议》两个报告，并整理了数字税收相关研究的文献索引。由于数字税收的交叉科学研究性质，涉及税收、数字信息技术、管理、经济等多个领域，各个领域的发展可谓日新月异，当然主要还是我们的研究水平还有待提高，在理论体系、资料梳理、观点形成等方面还有待改进，甚至可能存在一些错误，也期待各方的指正。不过，这也正是我们推出这个报告的目标之一，聚集关注数字税收领域的各方研究力量，才是真正推动这个方向持续发展的动力。

本书编写的主持人是岳树民教授，主要参与人员包括谢波峰、禹奎、王庆、许辉、谢思董、尹天惠、孙洪昶、邓濠、张志平、周鹤萌、王有利、朱靖、籍诚煜、彭佳薪等。

本书的编写得到中国人民大学数字税收跨学科交叉平台、国家税务总局科研所、《税务研究》编辑部、《国际税收》编辑部、互联网+财税联盟、毕马威中国、华政税务、高灯科技、大力税手等学术平台、研究机构和公司的大力支持，特别感谢中国税务学会汪康会长、中国税务学会蔡宇副会长、国家税务总局科研所谭衍所长、国家税务总局科研所李本贵副所长、北京市税务局张有乾局长、深圳市税务局李伟副局长、中国税务杂志社李万甫总编、云南财经大学王敏校长、北京微芯区块链与边缘计算研究院任常锐副院长、阿里研究院谭崇钧副院长、京东高淑娟副总裁、中国人民大学校长助理杜小勇教授、中国人民大学财政金融学院朱青教授、中国人民大学财政金融学院郭庆旺教授、中国人民大学财政金融学院庄毓敏院长、中国人民大学财政金融学院贾俊雪副院长对本书及相关研究给予的指导。

中国人民大学数字税收研究所所长
岳树民

目　录

第一章
数字经济发展概况

一、数字经济的定义与特征

（一）数字经济的定义

数字经济是继农业经济、工业经济之后的主要经济形态，数字化转型正在驱动生产方式、生活方式和治理方式发生深刻变革，对世界经济、政治和科技格局产生深远影响。① 2016 年 G20 杭州峰会发布的《二十国集团数字经济发展与合作倡议》将数字经济定义为“以使用数字化的知识和信息作为关键生产要素、以现代信息网络作为重要载体、以信息通信技术的有效使用作为效率提升和经济结构优化的重要推动力的一系列经济活动。”这一定义也反映出数字经济发展过程中的若干重要阶段和脉络，尤其是与“信息”“知识”等关键词的紧密联系。

---

① 国家统计局副局长鲜祖德解读《数字经济及其核心产业统计分类（2021）》，国家统计局网站，http：//www. stats. gov. cn/tjsj/zxfb/202106/t20210603_1818130. html.

1. “信息经济”概念的提出

“信息经济”是指通过增加物品、服务中包含的信息并减少物质和能源消耗的经济。向市场提供信息产品和服务的企业以及非信息企业为满足内部消费而提供的信息服务均属于“信息经济”的范畴。可以认为，20世纪20年代初到70年代末是信息经济发展的初级阶段。这一阶段提出了许多新概念：信息工作人员、信息产业、信息服务、信息经济、信息社会、后工业社会等。[①] 在众多相关概念中，“信息经济”（information economy）是这一领域被普遍接受的概念。“信息经济”这一概念起源于“知识产业”这一概念。1962年，美国学者弗里茨·马克卢普（Fritz Machlup，1903～1983）在其论著《美国的知识生产与分配》（*The Production and Distribution of Knowledge in the United States*）中，对“知识产业”进行了深入的研究。马克卢普使用最终需求法对知识经济进行了测算，在当时的测算中，知识产业（或知识经济）的范围包括五个方面：教育（education）、科学研究与开发（R&D）、通信媒介（ICT）、信息设施（information infrastructure）和信息活动（information activities）。当时测算出美国1958年知识经济部门所创造的国民生产总值（GNP）占比为29%，而知识产业的从业人数占比为45%。[②]

在马克卢普研究成果的基础之上，1977年，斯坦福大学马克·波拉特博士（M. V. Porat）完成了9卷巨著《信息经济：定义与测量》，该著作对信息经济进行了更深入的研究，奠定了马克卢普－波拉特的信息经济概念的基础，成功构建了测定信息经济活动的体系。[③] 1981年，经合组织（OECD）成员国开始运用这一体系中的方法来测算各国的信息经济规模和结构。1985年，联合国专门系统地

① 孙士龙．信息经济学研究的历史和现状［J］．经济研究，1988（07）：17，65－69.

② 银路．经济研究中的新领域——信息经济［J］．外国经济与管理，1989（12）：39－42.

③ 王胜光．信息产业与信息活动产值——马克·尤里·波拉特的《信息经济》［J］．科学管理研究，1988（02）：70－73.

介绍了这一理论和方法。

2. “信息高速公路”“数字地球”等概念的提出

与“信息经济”强调“信息产业”相比，“信息高速公路”“数字地球”等概念更加侧重于“信息交流”，强调计算机、互联网的全民应用。二十世纪八九十年代，随着信息技术的发展，互联网技术从实验室进入各个行业并开始普及，以美欧为首的发达国家纷纷推行“信息高速公路”计划，推进了全球的信息化进程。1993 年 9 月，美国政府发表《国家信息基础设施：行动计划》（*The National Information Infrastructure：Agenda for Action*），该计划提出要在美国大规模地建设“信息高速公路”。1998 年，时任美国克林顿总统（Bill Clinton）十分重视信息技术等高科技的作用，他的副手，时任美国副总统的艾伯特·戈尔（Albert Arnold Gore）在美国加州科学中心发表题为《数字地球——认识 21 世纪我们这个星球》（*The Digital Earth：Understanding Our Planet in the 21st Century*）的报告，该报告是最早提及数字地球概念的来源之一。报告中所提出的“数字地球”概念，是对地球的“一种海量地理数据的、多分辨率和三维的表示”，要实现这一目标，涉及信息术领域多项前沿关键技术的突破，因此引起了全世界的关注。

3. “数字经济”概念的提出

“数字经济”是“信息经济”的发展和延伸，但更加突出数据资源、信息技术等要素。21 世纪初，电子商务和 IT 业进入高速发展的时代。信息技术的进步正在改变企业运作和创造价值的方式，促进新的企业模式和管理模式的产生。数据的收集和处理对于企业的发展日益重要，在此背景下产生了“数字经济”的概念。“数字经济”一词最早由唐·塔普斯科特（Don Tapscott）在《数字经济：网络智能时代的希望和危险》（*The Digital Economy：Promise and Peril in the Age of Networked Intelligence*）一书中提出。但 1995 年美国麻省理工学院教授尼古拉斯·尼葛洛庞帝（Nicholas Negroponte）的《数字化生存》（*Being Digital*）一书，在推广数字化的相关概念方面具有更广泛的影响力，成为形成一代人“数字经济”相关理念的启蒙性读物。在该书中，数字经济被描述为“利用比特而非原子”的经济，用通俗易懂的语言揭示了数字经济基于网络的革命性本质。

在 2016 年 G20 杭州峰会中，中国作为主席国，首次将数字经济列为 G20 创新增长蓝图中的一项重要议题。“共同利用数字机遇应对挑战，促进数字经济推动经济实现包容性增长和发展”成为各国的共识，发展数字经济的战略在世界范围内基本确立。

正是基于 G20 杭州峰会提出的数字经济概念和内涵，结合我国统计工作实际，国家统计局将数字经济界定为：以数据资源作为关键生产要素、以现代信息网络作为重要载体、以信息通信技术的有效使用作为效率提升和经济结构优化的重要推动力的一系列经济活动。这一概念强调了数字经济的三个要素，即数据资源、现代信息网络和信息通信技术。基于此，国家统计局于 2021 年 5 月 27 日发布了《数字经济及其核心产业统计分类（2021）》（以下简称“分类”），从“数字产业化”和“产业数字化”两个方面，确定了数字经济的基本范围。《分类》将数字经济分为数字产品制造业、数字产品服务业、数字技术应用业、数字要素驱动业、数字化效率提升业等 5 大类。数字产品制造业、数字产品服务业、数字技术应用业、数字要素驱动业从“数字产业化”角度概括了数字经济核心产业部分；数字化效率提升业则从“产业数字化”的角度概括了应用数字技术和数据资源为传统产业带来的产出增加和效率提升的部分。《分类》的数字产业化部分对应于 2017 年版的国民经济行业分类中的 26 个大类，可进一步细分为 68 个中类和 126 个小类，所包括的行业是数字经济核心产业，是数字经济发展的基础。第二部分的产业数字化部分，对应于《国民经济行业分类》中的 91 个大类，其中涉及各行各业，包括 431 个中类和 1 256 个小类，体现了数字技术与国民经济各行业的深度渗透和广泛融合。

（二）数字经济的特征

数字经济发展中显现了与传统经济不同的特征，也体现出现代经济体系的要素特征。在探讨数字经济税收问题时，众多学者从不同视角对数字经济的特征进行归纳总结。相较于传统经济，从价值创造角度分析，数字经济表现出 4 个特征。一是数据成为关键的生产要素，成为价值创造的来源，是数字经济的核心特征；二是依托数字载体，价值归属变得模糊；三是边际成本为零，规模报酬递增；四是供需界限淡化，人人合作共享（马洪范等，2021）。从数字经济技术支撑角度看，数字经济具有“四高”特征：高数据依赖性、高流动性、高渗透性、高波动性（史育红，2022）。从数字技术的角度看，数字经济的主要特征还可以概括为三方面：一是替代性，由于摩尔定律的存在，信息与通信技术产品的价格迅速下降，使得信息与通信技术产品对其他产品形成了显著的替代效应；二是渗透性，数字技术几乎可以渗透到社会的每一个环节；三是协同性，信息与通信技术与其他技术结合，可以增加要素间的协同性，从而提高生产效率，带来更多的增加值（蔡跃洲，2018）。从数字产品、数字产业或者称为“小口径数字经济”的视角看，数字经济的核心特征是虚拟性，表现出来的典型特征是头脑经济、实体物质支撑的虚拟经济、超时空经济、具有外部性的经济（王向东等，2021）。从社会及产业组织视角看，社会视角的特征表现为：数字经济实现了高层规模效应，信息传播呈现碎片化特征，信息成为独立的生产要素，智力资本成为市场经济的绝对主力；产业组织视角的特征表现为，产业组织呈现生态系统化发展，企业流程非线性化趋势明显，产品服务化与个性化发展，盈利及运营模式转变为分离形态（田宁、王晓芳，2021）。

从不同视角对数字经济进行考察，可以更全面地了解和把握数字经济运行规律。梳理不同学者的观点，本书简要总结出数字经济的特征如下。

肖育才、杨磊（2022）认为数字经济时代，生产者和消费者的界限消失，打破了工业经济时代以企业为基本组织形式的方式，降低了生产交易环节供给和需求的不确定性。资产的专用性通过数字技术得以消除，瓦解了传统企业的生产方式，产业界限逐渐模糊，促进了产业的深度融合。同时，数字技术的快速更新加剧了经济的波动性和不确定性。[①] 韩亚品（2021）认为数字经济生态系统的特征表现为在产品结构、市场结构、区域结构、主体结构等方面具有整体性，本身具有很强的自组织性，可以发挥自修复作用抵御系统的内外部风险。创新是数字经济生态系统的灵魂，企业合作更加密切，形成了企业共生、产业共生、价值共生三个层次。[②] 励贺林（2018）认为数字经济的商业模式使得经济规模具有跨境隐身性，数据、用户表现出与知识产权的高度协同，成为创新商业模式的竞争力。[③]

1. 高度的流动性

数字经济往往依赖无形资产，投资及开发无形资产为数字经济从业者价值创造和经济增长做出了核心贡献。例如，数字经济企业往往高度依赖软件，并花费大量的资源研发升级现有的软件或开发新的软件商品。根据现行税法的规定，无形资产的权利很容易在相关的企业之间进行分配和转移。即使技术已经整合到一个主要管理有形资源的商业模式中，数字经济对无形资产的依赖仍然存在。此外，随着信息技术的发展，用户越来越容易地在跨境旅游时进行远程商业活动。消费者的流动性也增加了虚拟私人网络和代理服务器的流动性。用户的流动性增加了识别最终销售发生地的难度，网络上的匿名身份活动也增加了识别用户身份和位置的难度。业务功能的流动性也大大增加。优化的电信信息软件和个人计算机显著降低了远距离复杂活动的组织和协调成本。因此，企业越来越有能力集中管理模式，使实际运营所在地和供应商所在地、客户所在地等不再局限于某一个区域。

2. 对数据及用户参与高度依赖性

在数字经济中，企业收集与客户、用户、供应商和运营的相关数

① 肖育才，杨磊．数字经济时代与工业经济时代税制的比较分析［J］．税务研究，2022(02)：81－85.

② 韩亚品．数字经济生态系统的内涵、特征及发展路径［J］．国际经济合作，2021(06)：43－51.

③ 励贺林．对数字经济商业模式下收益归属国际税收规则的思考［J］．税务研究，2018(07)：76－83.

据非常普遍。用户使用的产品或服务可提供具有商业价值的数据资源，以改进现有的产品和服务。因此，收集客户和用户的数据在某些数字经济的业务中有着越来越重要的作用。计算能力和存储容量的上升及数据存储成本的下降促进了数据的大量使用。麦肯锡全球机构在《大数据：下一个创新、竞争和生产力的前沿》报告中指出利用大数据为企业创造价值的几个途径：仅仅让利益相关方更容易及时地获取数据，就创造更大的价值；通过实验分析异变的表现，了解其根源，从而管理绩效；细分人口，制订产品和服务；通过自动运算法则替代或支持人类决策；优化新的商业模式、产品和服务。

3. 多种网络效应

用户的决定可能对其他用户的利益产生直接影响。在网络效应中，与其他用户的兼容性是很重要的，即使某一特定技术的目的不是与他方互动。例如，一个被广泛应用的操作系统一般由大量的软件按照网络要求编写而成。这种影响是具有正面外在性的影响，意味着某人是由其他人在没有明确的补偿情况下的行为而受益。其他的网络效应可通过垂直整合得到，依赖不同层面软件的协同来创造附加值，巩固市场地位。

4. 多层商业模式

多层商业模式是基于平台上多个主体互动，给其他主体的成果产生正面或负面外在性的影响。一般来说，如果有更多的开发人员为一个操作系统编写软件将对终端用户更有价值，如果有更多购买软件的消费者将对软件开发人员更有价值。

5. 倾向于“一家独大”的趋势

在一个不成熟的市场，一家企业是第一个行动者的时候拥有牵引力，由网络成本加上低成本的网络增量，可以使一个企业在很短的时间内占据主导地位。例如在企业提供的平台中，市场上的用户倾向于使用这个特定的平台，因此平台对这些用户来说价值提升，并且平台变成那些接入的唯一途径之后，可把提高的价值转移到另外一方。

6. 一定的波动性

由于技术的进步，计算能力呈现出小型化和成本下降的趋势，加上大多数的服务提供商，均不需要支付边际价格便可使用网络，进入新的互联网商业模式的障碍越来越少，这些因素加快了商业模式的持续创新和发展。企业使用较少的边际成本就可以实现大面积的交易覆盖率，结果就是在短时间内占据大量市场的主导企业更容易被拥有更强大的技术、更可持续的商业模式的企业取代而迅速地减少市场的份额。因此，数字技术的进步加快了企业的竞争和产品的更新迭代，使得市场呈现出一定的波动性。

二、经济数字化发展及其趋势概述

（一）经济数字化发展情况

1. 世界数字经济发展情况

近年来，国际交往中不确定不稳定性因素急剧增多，但全球数字经济表现出了强大的生命力，总体规模迅速扩张，传统产业加速向数字化、网络化、智能化转型升级，新兴数字化产业规模持续扩大。数字经济增加值的规模由 2018 年的 30.2 万亿美元扩张至 2020 年的 32.6 万亿美元，数字经济已成为全球经济发展的新动能。

世界主要经济体中，美国数字经济的规模依然遥遥领先，2020 年达到 13.6 万亿美元，德国、日本、英国等发达国家分别达到 2.54 万亿、2.48 万亿、1.79 万亿美元。欧美等发达国家数字经济占 GDP 的比例均超过了 60%。2020 年中国数字经济规模达到 5.4 万亿美元，占 GDP 的比例为 38.6%。虽然中国数字经济占 GDP 的比例没有欧美等发达国家高，但中国数字经济的增长率远高于传统数字经济大国，2020 年在经济下行和疫情叠加的冲击下仍然达到了 9.6%（见图 1－1）。从各大洲的数字经济发展数据中也能看出，美洲的数字经济规模总量明显领先于其他各大洲，而亚洲的增长速度是近年来最快的；数字经济基本与各大经济体的经济发展情况一致（见图1－2）。

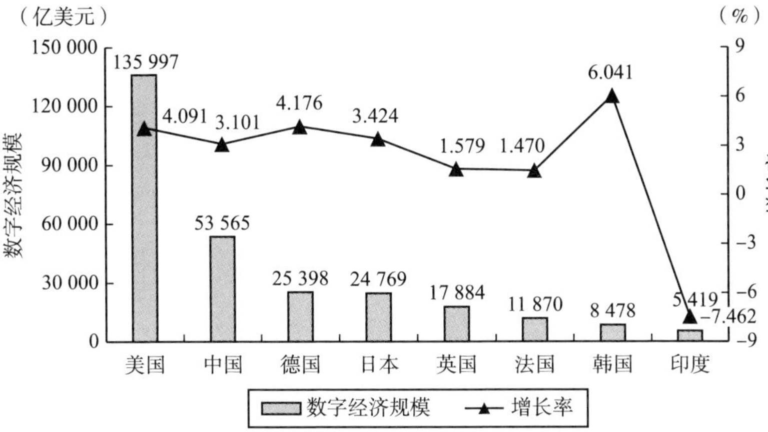

图1－1　2020年世界主要经济体数字经济发展情况

数据来源：中国信通院。图1－1至图1－5同。

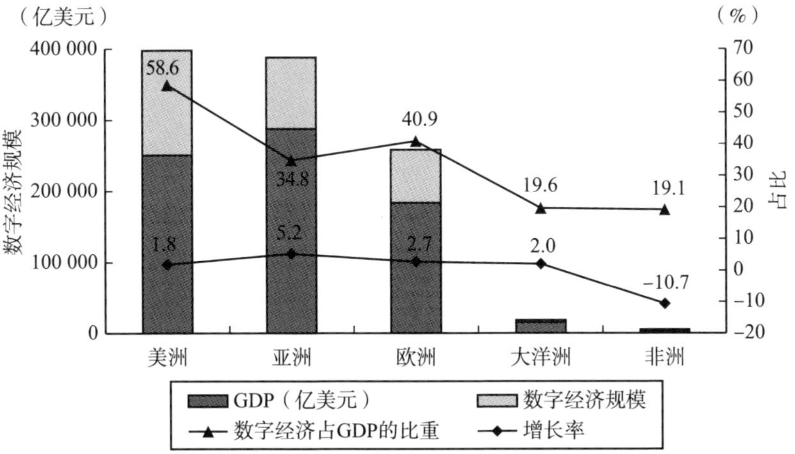

图1－2　2020年全球各大洲数字经济规模

从收入结构和经济发展水平的角度看全球数字经济的发展，可以发现总体趋势都是高收入国家、发达国家相对于中高和中低收入国家、发展中国家，数字经济规模总量大，但增长率相对偏低（见图1－3）。从数字经济本身的发展结构来看，2020年全球整体数字产业化比例在16%左右，而高收入国家、发达国家的这一占比略低于全球水平，中低收入国家、发展中国家这一比例明显偏高（见图1－3）。可以看出，传统经济更为发达的地区，其传统产业与数字技术的融合更为紧密；而近年来经济高增长的地区和国家主要以数字产业的迅猛发展作为其推动力。

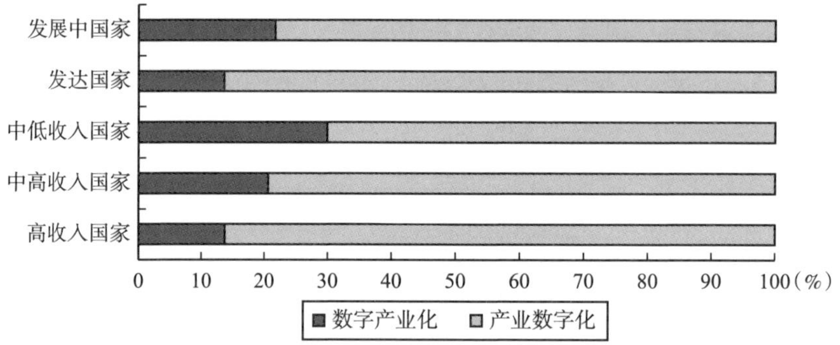

图1－3　2020年全球数字经济发展结构

2. 中国数字经济发展情况

早在2015年的政府工作报告中，我国就提出了全面部署“互联网＋”行动计划，旨在依托互联网、云计算等新兴技术赋能经济腾飞。2017年，政府工作报告中首次提出“促进数字经济加快成长，让企业广泛受益，群众普遍受惠”。2019年10月，国家发改委、中央网信办联合印发《国家数字经济创新发展试验区实施方案》，并向河北（雄安新区）、浙江、福建、广东、重庆、四川的6个“国家数字经济创新发展试验区”授牌。试验区建设有助于打造我国数字经济创新发展标杆，形成可推广复制的发展经验，加速探索我国产业转型升级和数字经济创新发展的路径。2019年10月24日，习近平同志在中央政治局第十八次集体学习时强调，中国高度重视发展数字经济，中国正积极推进数字产业化、产业数字化，引导数字经济和实体经济深度融合，推动经济高质量发展。2020 年，从中央到地方都持续高度重视数字经济发展，继 2017 年、2018 年、2019 年之后，“数字经济”再次被写入政府工作报告，报告中明确“要继续出台支持政策，全面推进‘互联网 +’，打造数字经济新优势”。2020 年 3 月，工信部印发《中小企业数字化赋能专项行动方案》，表明要以新一代信息技术与应用为支撑，以提升中小企业应对危机能力、夯实可持续发展基础为目标，集聚一批面向中小企业的数字化服务商，培育推广一批符合中小企业需求的数字化平台、系统解决方案、产品和服务，助推中小企业通过数字化网络化智能化赋能实现复工复产，增添发展后劲，提高发展质量。2020 年 4 月 9 日印发的《中共中央国务院关于构建更加完善的要素市场化配置体制机制的意见》更是首次将数据归入以土地、劳动力、资本、技术为代表的生产要素范畴，成为我国大力推进数字经济的又一历史性举措。

近年来，国家的高度重视和不断推出的利好政策推动我国数字经济规模快速增加。中国信息通信研究院发布的《中国数字经济发展白皮书（2021）》报告显示，中国数字经济增加值规模已由 2005 年的 2.6 万亿元增长到 2020 年的 39.2 万亿元，数字经济占 GDP 比重已提升到 38.6%（见图 1 – 4），在国民经济中的地位进一步凸显。数字经济在第一产业的渗透率达到 8.2%，较上一年增长 0.9%，增速较上一年提高 0.1%；在第二产业的渗透率达到 19.5%，比上一年增长 1.2%，增速较上一年提高 0.1%；在第三产业的渗透率达到 37.8%，比上一年增长 1.9%，增速较上一年下降 1.4%。

在区域发展方面，全国数字经济发展规模呈现从东南沿海向西部内陆逐渐降低的趋势，根据中国信息通信研究院统计数据，2020 年数字经济增加值超过 10 000 亿元的省份包括广东、江苏、浙江、上海、北京、福建、湖北、四川、河南、河北、安徽、湖南等；辽宁、重庆、江西、陕西、广西等省份数字经济增加值规模超过 5 000 亿元。根据中国电子信息产业发展研究院发布的数据，全国各省份数字经济发展指数平均值为 32.0，其中 11 个省份指数在平均值之上。广东省以总指数 69.3 居全国榜首，北京、江苏位列第二、第三名，发展指数分别为 56.5、56.1，见图 1－5。①

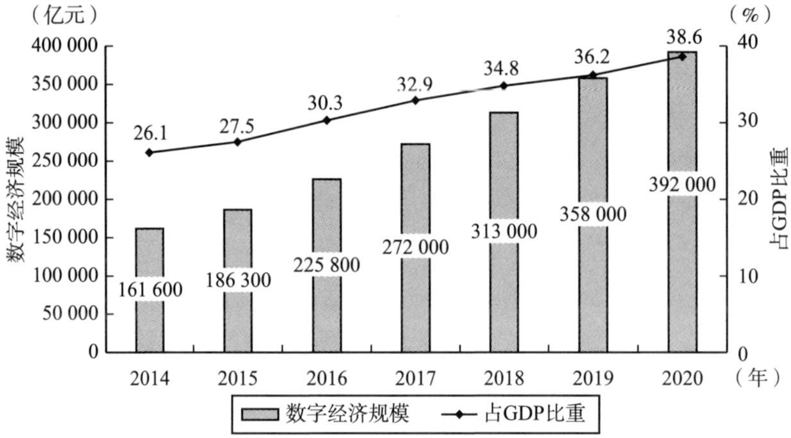

图 1－4　中国数字经济总体规模与占比

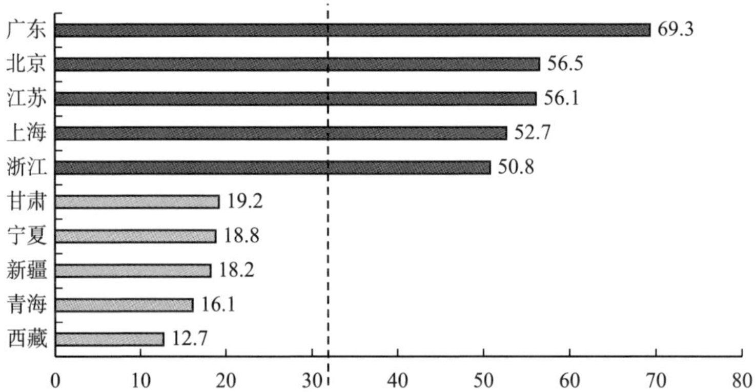

图 1－5　2020 年数字经济发展指数排名前/后 5 位的省份

对数字经济的发展状况进行科学的核算统计是制定数字经济发展相关政策制度的基础，如何进行数字经济的核算统计也是各界比较关

① 数据来源：赛迪《2020 中国数字经济发展指数白皮书》。

注的课题，许多研究机构和学者在这方面进行了积极探索。目前常用的数字经济核算方法主要分为两大类。第一类是采用定性的方法，通过构建指标体系，并对相应的指标赋予权重，从而对地区的数字经济发展程度进行评价，如赛迪顾问构建“五化”结构体系——数据价值化、数字产业化、产业数字化、数字化治理、数字化基础设施，对全国的主要城市的数字经济发展情况进行了评价；北京大数据研究院构建了数字经济产业发展指数指标体系。第二类是采用定量的方法，从测算总量的角度将数字经济产业从整个经济中分离出来，在国家统计局发布的 GDP 数据等基础上进行进一步计算。如中国信息通信研究院在测算数字经济时使用基于希克斯中性假设的生产函数法，腾讯研究院测算时使用的正推法和倒推法，中国社会科学院“先增量后总量，先贡献度后规模”的方法，清华大学的数字经济核算方法等。相关机构的具体测算方法见表 1－1。

表 1－1　　国内数字经济主要测算方法汇总

研究机构	测算方法	数据来源	测算结果
中国信息通信研究院①	基于希克斯中性假设的生产函数法：采用增长核算账户框架（KLEMS）对各生产要素进行加总，对于模型的核心在于两大部分：增长核算账户模型和分行业 ICT 资本存量测算	国家统计局及相关部门的数据	静态的规模、占比和动态的增速变化：从规模和 GDP 占比来说，我国数字经济规模呈现双“39”态势，规模达到 39.2 万亿元，占 GDP 比重为 38.6%；数字经济呈现高速增长的态势，其增速是 GDP 增速的 3 倍多，数字经济已经成为我国经济发展重要的引擎；就数字经济内部结构来说，产业数字化和数字产业化的分布呈现“二八”比例；三次产业数字经济渗透水平依次递增；各地数字经济发展步伐加快

① 《2021 中国数字经济白皮书》中国信通院。

续表

研究机构	测算方法	数据来源	测算结果
腾讯研究院①	通过正推法和倒推法对计算机、通信和其他电子设备制造业增加值数据进行估算。正推法以2007年规模以上计算机、通信和其他电子设备制造业企业增加值数据为基础，将其后历年实际增长率转换为名义增长率，然后进行逐年推算。倒推法则首先将数字经济核心产业增加值近似作为数字经济产业增加值，2020年数字经济核心产业增加值为79 246.91亿元，也就是数字经济产业的增加值规模。从中减去当年信息传输、软件和信息技术服务业增加值37 951亿元，即可得到当年计算机、通信和其他电子设备制造业增加值为41 295.91亿元。然后以2020年增加值数据为基础，在将实际增长率转换为名义增长率后进行逐年推算	《中华人民共和国2020年国民经济和社会发展统计公报》数据	从总量来看，中国数字经济产业增加值在2005～2020年实现高速增长。根据正推法计算出，从2005年的10 490.1亿元增长到2020年的85 755.9亿元，占GDP的比重从5.0%～5.6%提高到7.8%～8.4%；采用倒推法计算出从2006年的11 066.1亿元增长到2020年的79 246.9亿元，复合年均增长率为15.1%。虽然两种方法下的增加值规模略有差异，正推法得到的数据略高于倒推法，但所得结论都呈现出几乎完全一致的增长轨迹。 从整体来看，数字经济产业占GDP的比重呈上升趋势，从2005年的5.6%提高到2020年的8.4%（正推法），或从2006年的5.0%提高到2020年的7.8%（倒推法）。其中，计算机、通信和其他电子设备制造业增加值占GDP的比重从2005年的3.1%提高到2020年的4.7%（正推法），或从2006年的2.5%提高到2020年的4.1%（倒推法），信息传输、软件和信息技术服务业增加值占GDP的比重从2005年的2.5%提高的2020年的3.7%
赛迪顾问②	数字经济应当包括五化结构——数据价值化、数字产业化、产业数字化、数字化治理、数字化基础设施。数字基础设施建设情况的比重占15%、数字经济产业发展情况的比重占50%、数字化治理水平的比重占15%、数据价值化进程的比重占20%	赛迪顾问	将数字经济百强城市的数字产业化、产业数字化发展水平与全国平均水平进行比较，可以分为均衡性、数字牵引型、融合提升型、潜力型四大类型。北京、上海、深圳等22个城市属于均衡型，数字经济发展最为充分，数字产业化和产业数字化都高于全国平均水平；青岛、贵阳、东莞等8个城市属于数字牵引型，数字产业化优势比较明显，数字经济发展动能强劲

① 数字经济产业的规模、增长与结构：基于2005～2020年数据的实证分析。企鹅经济学(tisi. org)。

② 赛迪顾问：《2021中国数字经济城市发展白皮书》。

续表

研究机构	测算方法	数据来源	测算结果
中国社会科学院①	按照“先增量后总量，先贡献度后规模”的思路，将增长核算与常规的GDP核算方法相结合，构建了准确性较高的数字经济测算框架。课题组对我国数字经济规模的测算分为三部分：（1）ICT产业部门的增加值；（2）传统的产业中由替代效应而形成的ICT资本作为投入要素所贡献的增加值；（3）ICT协同效应促进传统产业效率提升所贡献的增加值	《数字产业化与产业数字化视角的中国数字经济测算》及《中国社会科学内部文稿》2020年第2期	1993～2020年，中国数字经济的平均增速达16.3%，呈现快速增长的趋势，数字经济已经成为中国经济增长不可或缺的引擎。产业数字化的增速总体上快于数字产业化，但2017年后两者的差距逐渐缩小，产业数字化有被数字产业化反超的趋势。在2010年以前，ICT制造业和ICT服务业的增速大致相当，但在2010年以后，ICT服务业的增速明显高于ICT制造业，ICT服务业的规模也在2013年实现反超。在产业数字化方面，ICT产业替代效应的增速和增值规模都远大于ICT产业的协同效应
北京大数据研究院②	报告构建了数字经济产业发展指数指标体系，一共包括5个一级指标、11个二级指标、24个三级指标。其中一级指标包括数字经济的政策与环境、规模与质量、头部企业的情况（上市企业、独角兽企业、瞪羚企业、高新技术企业）、产业创新能力、产业投资热度	数字经济企业库和数字经济政策数据库	北京、上海、广州、深圳、杭州处于数字经济产业化进程的第一梯队，这五个城市的政策环境、数字产业化规模、头部企业数量以及产业创新能力领先于其他城市。北京的瞪羚企业有2 331家，远远超过其他城市。成都、重庆、武汉、天津、厦门、南京、青岛、西安处于数字经济产业的第二梯队，这些城市大多为省会城市，政策环境相对完备，数字经济规模大，领头企业数量可观，产业创新能力较强
清华大学③	数字经济规模核算步骤：界定数字经济范围；筛选数字经济产品和数字经济产业；确定核算方法；测算数字经济增加值、数字经济总产出等指标的规模	《中国投入产出表》（与延长表）、《中国经济普查年鉴》的数据	2007～2017年，中国数字经济名义增加值占历年名义GDP的平均比重约为5.15%。数字经济增加值占GDP的比重在2007～2017年呈现先降后升的走势，2012年后中国数字经济增加值占GDP的份额呈现快速上升的走势

① 中国数字经济规模测算及“十四五”预测（2021）。

② 北京大数据研究院：《2021中国数字经济产业发展指数报告》。

③ 许宪春，张美慧．中国数字经济规模测算研究——基于国际比较的视角［J］．中国工业经济，2020（05）：23－41.

除研究机构提出的数字经济核算方法外，许多学者也提出了我国数字经济规模测算的口径和框架。康铁祥（2008）梳理了数字经济规模测算的研究发展历程，并通过公式“数字经济总规模＝数字产业部门总增加值＋数字辅助活动创造的增加值”测算我国的数字经济规模，其中数字辅助活动创造的增加值通过非数字产业部门对数字产品和服务的中间消耗占总消耗的比重来确定。① 杨仲山、张美慧（2019）参考OECD给出的数字经济卫星账户（DESA）初步框架，构建了中国的DESA核心框架与核心表达式，利用核心表达式对我国的数字经济规模进行测算。② 向书坚、吴文君（2019）构建了包含生产核算、收入分配核算和积累核算的数字经济核算框架，设计了非金融交易资金流量表和数字经济投资流量与存量核算表，给出框架中各部分核算内容的表式设计及具有一般性的指标计算方法。③ 崔保国、刘金河（2020）认为数字经济产业只包括三部分：ICT产业、数字传媒产业、网络平台产业，数字经济向传统产业渗透的部分被排除在外。④ 陈梦根、张鑫（2020）认为要从宏观和微观两个角度出发，建立数字经济核算体系。其中，SNA－2008和CSNA－2016可以为数字经济统计测度提供宏观框架，微观上构建数字经济卫星账户来测度数字经济中的电子商务活动、产业增加值及宏观经济运行的贡献度等问题。⑤ 罗良清等（2021）基于数字经济与传统产业融合的视角，构造了以增加值为核心、货币价值量指标为与非货币价值量互补的数字经

① 康铁祥．中国数字经济规模测算研究［J］．当代财经，2008（03）：118－121.
② 杨仲山，张美慧．数字经济卫星账户：国际经验及中国编制方案的设计［J］．统计研究，2019，36（05）：16－30.
③ 向书坚，吴文君．中国数字经济卫星账户框架设计研究［J］．统计研究，2019，36（10）：3－16.
④ 崔保国，刘金河．论数字经济的定义与测算——兼论数字经济与数字传媒的关系［J］．现代传播（中国传媒大学学报），2020，42（04）：120－127.
⑤ 陈梦根，张鑫．数字经济的统计挑战与核算思路探讨［J］．改革，2020（09）：52－67.

济卫星账户统计指标[①]。刘传辉、杨志鹏（2021）利用熵值法对各项指标进行客观赋权，计算城市的数字经济指数。[②] 彭刚等（2021）主张从基础型数字经济活动、新生型数字经济活动、融合型数字经济活动三个层面开展数字经济生产核算，既要与 SNA 生产核算保持协调，又要在核算范围上有所突破和创新。[③]

根据上述学者对数字经济测算方法的研究可以看出，目前已有的数字经济测算方法主要有 4 种：第一种是借鉴 BEA 或 OECD 对数字经济的分类和测算方法，对我国的数字经济规模进行测算；第二种是通过计算数字部门及数字性的辅助活动总的增加值的方法计算数字经济总量；第三种是通过熵值法、对数型功效函数、纵横向拉开档次法等方法构建相关的指数衡量数字经济的发展水平；第四种则是构建数字经济卫星账户。目前，关于数字经济的测算方法仍未统一，关于数字经济的定义和范围仍旧是数字经济核算面临的首要问题。

（二）数字经济发展新趋势

伴随着数字技术的进步，数字经济快速发展。国际社会关注的“数字焦点”也在不断更新。从未来的发展趋势看，各国将主要围绕新型基础设施、数字化转型、数据跨境流动、数字税收、数字贸易、数字货币等关键领域加强部署，推进国家数字经济战略，增进国家之间的竞争与合作。

1. 新型基础设施打造数字经济发展新基石

2020 年，国家发改委界定了我国新型基础设施的范围，主要包括三个方面：一是信息基础设施，主要指基于新一代信息技术演化生

---

① 罗良清，平卫英，张雨露．基于融合视角的中国数字经济卫星账户编制研究［J］．统计研究，2021，38（01）：27－37.

② 刘传辉，杨志鹏．城市群数字经济指数测度及时空差异特征分析——以六大城市群为例［J］．现代管理科学，2021（04）：92－111.

③ 彭刚，朱莉，陈榕．SNA 视角下我国数字经济生产核算问题研究［J］．统计研究，2021，38（07）：19－31.

成的基础设施，包括物联网、5G、数据中心等；二是融合基础设施，主要指深度应用互联网、大数据、人工智能等技术，支撑传统基础设施转型升级，进而形成的融合基础设施，具有代表性的是智能交通基础设施、智慧能源基础设施等；三是创新基础设施，主要是支撑科学研究等具有公益属性的基础设施，包括重大科技基础设施、科教基础设施、产业技术创新基础设施等。

从上述界定可以看出，新型基础设施本身就是数字经济发展到一定阶段的产物，正是由于当前的传统基础设施已经不能满足数字产业化与产业数字化的需求，需要大力建设适应数字经济发展的新型基础设施，以信息网络为基础的新型基础设施是数字经济发展的新基石。

2. 制造业数字化转型成为经济发展新动能

制造业数字化转型已经成为各国发展战略的重要一环，政府积极帮助企业进行数字化转型。

2019 年 4 月，德国联邦经济能源部发布最新工业 4.0 战略前瞻性文件《德国 2030 年工业 4.0 愿景》，将构建全球数字生态作为未来 10 年德国数字化转型的新愿景，并阐述了数字化转型的重点任务。2017 年以来，美国在国家制造创新网络（NNMI）基础上，继续推动美国制造业计划（Manufacturing USA），该计划希望通过联邦政府与产业界、学术界及专家合作，建立各国全球数字经济新图景。

2020 年 3 月，中国工信部印发《关于推动工业互联网加快发展的通知》，要求各有关单位加快新型基础设施建设、加快拓展融合创新应用、加快健全安全保障体系、加快壮大创新发展动能、加快完善产业生态布局、加大政策支持力度，推动工业互联网在更广范围、更深程度、更高水平上融合创新，培育壮大经济发展新动能，支撑实现高质量发展。我国在“十四五”规划中提出要实施“上云用数赋智”行动，推动数据赋能全产业链协同转型。在重点行业和区域建设若干国际水准的工业互联网平台和数字化转型促进中心，深化研发设计、生产制造、经营管理、市场服务等环节的数字化应用，培育发展个性定制、柔性制造等新模式，加快产业园区数字化改造。深入推进服务业数字化转型，培育众包设计、智慧物流、新零售等新增长点。加快发展智慧农业，推进农业生产经营和管理服务数字化改造。

3. 数字贸易重构国际贸易新模式

数字贸易包括基于信息通信技术开展的线上宣传、交易、结算等促成的实物商品贸易，还包括通过信息通信网络（语音和数据网络等）传输的数字服务贸易，如数据、数字产品、数字化等服务贸易。

数字贸易的主要模式是企业以统一的技术标准搭建全球公共数字贸易平台，平台不提供商品，通过供求双方互动电子信息通道达成数字化信息的高速交换，将数字化信息作为贸易标的，在完成商品服务交易时实现收益。相较于传统的国际贸易，这种方式打破了物理上的国家界限，使国际贸易的流程变得更加容易，其高效率的模式迅速成为贸易商的主要交易手段。

近年来，全球数字交付服务贸易规模迅猛增长，UNCTAD 数据显示，2008～2018 年，全球数字交付服务出口规模从 1.8 万亿美元增长到 2.9 万亿美元，增长幅度接近 60%，年平均增长率约为 5.8%（同期服务贸易出口增速为 3.8%，货物贸易出口增速为 1.9%），在服务贸易出口中的占比从 45.7% 增长到 50.2%。中国数字交付服务出口规模和排名均低于货物贸易，但在主要国家中增速位居前列。从规模看，2018 年中国数字交付服务出口规模达 1 314.5 亿美元，国际市场占有率达 4.5%，在全球排名第 8 位（126 个国家）。从增速看，2014～2018 年中国数字交付服务出口年平均增长率为 7.4%，排在全球第 26 位，但超过日本、德国、美国、印度、南非、巴西等主要发达国家和新兴经济体国家。[①]

4. 数据跨境流动成为国际协定的新焦点

数据跨境流动是数字经济发展的重要议题，各国纷纷针对本国国情和优先目标，选择适当的数据跨境流动方案。受经济全球

---

① 数据来源：联合国贸易和发展会议相关数据。

化和数字化的趋势影响，数据大规模的跨境传输不可避免，为了保障国家利益，多国通过国内立法、签署国际协定的方式确立数据跨境流动规则。如欧盟发布《通用数据保护条例》（GDPR）；美国以维护数字发展优势为主旨，设置《澄清境外数据的合法使用法案》（CLOUD）；日本以跨境数据流动政策灵活性为主导，在国内立法形式上采取更为弹性化的政策，在国际上全面加强与美欧两大跨境数据流动监管框架对接，并积极推动跨境数据自由流动规则构建。

中国《网络安全法》明确了数据存储、保护等基本制度，保障网络数据的完整性、保密性、可用性。各国在数据跨境流动的立场不一，成为相关领域国际合作及协定的焦点。我国在“十四五”规划中提出统筹数据开发利用、隐私保护和公共安全，加快建立数据资源产权、交易流通、跨境传输和安全保护等基础制度和标准规范。建立健全数据产权交易和行业自律机制，培育规范的数据交易平台和市场主体，发展数据资产评估、登记结算、交易撮合、争议仲裁等市场运营体系。加强涉及国家利益、商业秘密、个人隐私的数据保护，加快推进数据安全、个人信息保护等领域基础性立法，强化数据资源全生命周期安全保护。完善适用于大数据环境下的数据分类分级保护制度。加强数据安全评估，推动数据跨境安全有序流动。建立健全国家公共数据资源体系，确保公共数据安全，推进数据跨部门、跨层级、跨地区汇聚融合和深度利用。健全数据资源目录和责任清单制度，提升国家数据共享交换平台功能，深化国家人口、法人、空间地理等基础信息资源共享利用。扩大基础公共信息数据安全有序开放，探索将公共数据服务纳入公共服务体系，构建统一的国家公共数据开放平台和开发利用端口，优先推动企业登记监管、卫生、交通、气象等高价值数据集向社会开放。开展政府数据授权运营试点，鼓励第三方深化对公共数据的挖掘利用。

5. 数字经济发展带来国际税收规则的新挑战

数字经济的发展给全球税收体系造成巨大挑战，一是税收征管的范围由线下加速向线上拓展，征税对象呈现出数字化、虚拟化、隐蔽化等特点，许多交易信息被隐藏，导致企业利润难以有效衡量；二是互联网企业的数字服务突破了时间和空间约束，跨区域、跨国界经营成为常态，经济活动可能同时面临多个不同的税收监管主体，可能出现跨国企业转移到税率最低的国家纳税的现象。根据公开数据，2017 年，谷歌、Facebook、亚马逊、eBay 等超大型跨国数字企业在获取高额收入的同时，实际有效税负远低于传统企业。随着税基侵蚀和利润转移（BEPS）问题的增多，越来越多的国家意识到必须推动国际税收体系的改革，相关国际谈判加快推进。OECD 是国际数字经济税收改革的主要推动机构，自 2018 年以来，试图形成一套适用于全球的“统一方案”。在经历多次协商和修改之后，OECD 于 2020 年 10 月 12 日发布了一系列经合组织/20 国集团 BEPS 包容性框架（以下简称“包容性框架”）即应对经济数字化挑战的税收文件，包括包容性框架声明、“双支柱”方案蓝图报告、最新数字经济征税方案经济影响报告以及公众意见征询文件。2021 年 6 月 5 日，G7 财长和央行行长会议通过了美国对国际税收改革方案（即“双支柱”方案）的新建议，对“支柱一”（即针对大型跨国数字企业设立新的征税机制）适用范围作了进一步修改，不再有自动化数字服务（ADS）和面向消费者的企业（CFB）的限制。2021 年 7 月 1 日，131 个税收管辖区通过包容性框架发表《关于应对经济数字化税收挑战“双支柱”方案的声明》（以下称《声明》），同意 G7 提出的修改方向，并于 10 月 8 日，就“双支柱”方案新规则中的重要参数达成一致。截至 2021 年 11 月 4 日，包容性框架的 141 个成员中已有 137 个加入了新声明。

围绕着这些改革内容，国际税收规则将发生重大变化，并对各国的税收政策影响深远。

6. 数字货币研发成为数字经济新赛道

数字货币是一种纯粹以数字形态存在的货币，不与世界上任何一种法定货币挂钩，其底层算法创造的不可仿造性，使其具有了代替当前法定货币的特性，同时交易的信息都能够反映在数字货币中，且不可修改，因此数字货币不仅为一般爱好者持有，更是逐渐受到国家的重视，用于代替实物货币，解决实物货币的弊端。

主要国家对数字货币的探索由来已久，已成为各国央行的战略重点。央行数字货币（CBDC）这一概念早在比特币发布时就已经有人提出，自2013年开始，很多国家的央行也开始高度关注数字货币。英格兰银行最早发起关于央行数字货币前景的全球讨论。在2014年，厄瓜多尔中央银行启动了名为“Dinerolectrónico”（电子货币）的项目；同年，中国人民银行开始着手研究央行数字货币。荷兰银行（DNB，荷兰中央银行）从2015年开始使用基于分布式账本技术的数字货币进行内部实验。此后，乌拉圭、东加勒比、瑞典、中国、韩国等国的中央银行相继宣布开展本国的CBDC试点。在美国，美联储于2020年3月公布的2.2万亿美元刺激法案初稿中涉及两种数字美元设计方案。在欧元区，欧洲央行在2020年10月公布的《数字欧元报告》中拟定了集中式和分散式两种发行选择。但截至2021年尚未有真正意义上的央行数字货币投入使用。根据国际清算银行（BIS）在2020年8月发布的工作报告，在其调查的66家中央银行中，20%的银行表示将在短期（一年内）发行CBDC；同时，约20%的中央银行表示很可能在未来的1～6年内发行数字货币，比例为2019年的2倍；总计有约80%的中央银行正在从事CBDC的研究、试验或开发，较2019年增加10%，截至2020年7月中，至少有36家中央银行发布了其CBDC工作进展。国际清算银行2021年1月公布的调查结果显示，在接受访问的65家中央银行中（涵盖了全球主要发达国家和发展中国家），在过去四年中，积极参与某种形式的CBDC工作的中央银行的比例增长了约1/3，达到86%。2020年大约60%的央行在进行实验或者验证，这一比例在2019仅为42%。①

① 资料来源：https：//www.bis.org/publ/bppdf/bispap114.htm。

三、2021 年数字经济相关研究综述

（一）数字经济背景下的税收理论研究①

马洪范等认为，数字经济下的价值创造在地域、人员以及产品和服务的归属上都体现出一定的模糊性，导致以居民身份和常设机构为标准的传统税权划分原则难以适应数据与其他要素相结合的生产、交易模式，税收管辖权的交叉和公共收支错配问题时有发生，难以按照传统上以居住国或常设机构作为税收管辖权的行使规则，将征税权赋予消费地政府。②

曹明星认为，如果说税收依据在于纳税人须对政府提供的公共服务进行成本补偿，那么经济合作与发展组织（OECD）数字税改方案中提出的“使用者（和消费者）与生产者共同创造价值”的观点至少存在三个问题。一是交易双方中，买方作为消费者的价值创造值得怀疑——即使存在也仅能成为消费地政府的税基，而不能成为消费地政府对生产者征收所得税的依据；二是向消费者提供数字服务的企业的所得被认定为消费地政府的税基，就等于肯定了消费者以及消费地在数字交易中的价值创造，从而使所有跨境交易中的生产地政府和消费地政府都有资格分享所得税的征税权，这与既有的税收管辖权实践不符；三是新的价值创造理论和消费地政府“新型”征税权正当性的确立，将对既有税收理论和税收秩序产生重大影响，甚至影响政府提供公共服务的国家能力。③

张巍等认为，基于传统实体经济的供应利润观未能正确反映价值是由供应和需求相互作用共同创造的市场经济规律，无法在数字经济

---

① 摘录自谷成、韩欣儒文章《税收理论研究综述》。

② 马洪范，胥玲，刘国平．数字经济、税收冲击与税收治理变革［J］．税务研究，2021（4）：84－91.

③ 曹明星．OECD 数字税改方案述评：理论阐释、权益衡平与规则建构［J］．税务研究，2021（6）：77－84.

环境下为消费地政府参与跨境营业利润分配提供理论依据和可行办法。①

廖益新认为，构建数字经济时代公平合理的税收秩序应承认市场需求对企业价值创造的贡献，基于供需结合的利润观实现税收权益的公平分配。在税制设计方面，以数据的数量或价值计算税基的数据税都存在较为明显的不足，相比之下，以数据的收益计算税基更具合理性。②

邓伟认为，我国可以改进现行所得税条款，对数据征收直接税。③

张守文认为，对效率与公平、自由与秩序、安全与发展“三对价值”的权衡和考量有助于确立数字税立法的基本原则。④

张斌认为，数字经济的发展使经济活动地、价值创造地与税源地产生了背离，突破传统的地方税的收入划分和征收方式是地方税体系建设面临的重要课题。⑤

（二）数字经济背景下的税收征管研究⑥

袁娇等认为，数字经济的快速发展，使得我国现行税制与征管陷入了两难困境，如何构建与数字经济发展相匹配的税制和征管模式，是税收治理现代化乃至国家治理现代化进程中的关键一环，应从供给端和需求端双向发力，构建基于立法机关、税务机关和纳税人的三方互动关系模型，以厘清税制和征管的互动演变逻辑及趋势。⑦

卢奕认为，税收征管体制改革应借助科技赋能，提升税收征管能力。其从税收征管模式的国际发展趋势、时代进步对税收征管水平提

---

① 张巍，郭墨．数字经济公平征税的若干问题探析［J］．税务研究，2021（2）：49－54.

② 廖益新．在供需利润观基础上重构数字经济时代的国际税收秩序［J］．税务研究，2021（5）：17－30.

③ 邓伟．数据课税理论与制度选择［J］．税务研究，2021（1）：47－53.

④ 张守文．数字税立法：原理依循与价值引领［J］．税务研究，2021（1）：31－38.

⑤ 张斌．新发展阶段与地方税体系建设［J］．税务研究，2021（10）：10－14.

⑥ 摘自谢波峰、谢思董文章《2021年税收征管研究综述》。

⑦ 袁娇，陈俊言，王敏．数字经济时代的税制改革路径：基于税制与征管互动关系的思考［J］．税务研究，2021（12）：28－34.

出的要求出发，在归纳了基于“实时数据流”和“系统设计合规”等数字化时代税收征管的国际趋势和理念，提出建立以互信合作为导向的税收风险管理体系，并积极探索了在与大企业共建“税收内控体系”的基础上推动我国税收征管改革的有益路径。①

崔志坤等认为，平台经济的税收管理存在着业务脱离税务机关监管及真实性难以鉴别、税源与税收收入背离等问题，应采用新技术加强对平台经济的监管，以简化便捷的理念完善相关管理制度。②

孙正等认为，共享经济本身所具有的虚拟性、模糊性、隐蔽性特征，给第三方共享经济平台在认定纳税主体身份、明晰适用税目、落实税收公平、防范税收风险等方面带来了新的挑战。就第三方共享经济平台的税收治理而言，应从把握第三方共享经济平台税收治理优势、补充现行税制框架、完善第三方共享经济平台委托代征机制等方面入手。③

冯俏彬提出，虽然国家仍将是数字经济时代治理社会（包括网络）的政治实体和税收征管主体，但互联网平台作为“企业的企业”，很可能将在一定程度上与政府共享税收征管权力，包括但不限于和政府分享在互联网平台上经营的企业的相关数据、共建社会信用系统、对在互联网平台上经营的小微企业和个人履行代行监管与规范之责、代扣代缴税收、进行税法宣传，等等。④

邓伟认为，准确度量数据收益，是对数据资产课税的前提。⑤

王竞达等以数据资产的课税难点与解决路径为研究视角，认为我国没有必要开征专门的数据资产税，但应合理确定数据资产税基，对

---

① 卢奕．拥抱未来：对数字化时代税收征管改革的理解与展望［J］．国际税收，2021（10）：27－32.

② 崔志坤，李菁菁，杜浩．平台经济税收管理问题：认识、挑战及应对［J］．税务研究，2021（10）：62－68.

③ 孙正，杨素，梁展硕．第三方共享经济平台税收治理研究［J］．税务研究，2021（8）：65－70.

④ 冯俏彬．数字经济时代税收制度框架的前瞻性研究：基于生产要素决定税收制度的理论视角［J］．财政研究，2021（6）：31－44.

⑤ 邓伟．数据课税理论与制度选择［J］．税务研究，2021（1）：47－53.

数据资产制定相应的税收优惠政策，同时积极采用现代信息技术加强数据资产的信息化征管。①

国家税务总局广西壮族自治区税务局课题组认为，将税务部门涉企数据变成企业数据资产，促进其入市、变现和增值，是推进国家治理体系和治理能力现代化的创新举措，我国应加快研究建设一个由省级政府统一规划主导、多政府部门协调推进、社会公益组织襄助为补充的企业政务数据资产流通大平台。②

蔡昌等依据要素分配理论，以区块链作为技术支撑，聚焦于数据资产的确权与税收治理问题，剖析其中蕴含的制度耦合与政策创新思想，通过构建基于区块链技术的数据资产确权与税收治理模式，为进一步完善数据资产的分配方式、加强数据资产的税收治理、规范数字经济发展提供了决策依据与政策指南。③

李万甫等主张，创新科技与税收治理应跳出“就技术论技术，就税收论税收”的思维局限，对标国家治理，对位党和国家事业全局。所谓“数据赋能治理”，这个治理全局不仅是传统意义上税制改革和征管改革，更是“五位一体”背景下对政治、经济、文化、社会、生态文明的全面深化改革。这是新时代赋予数据治理的历史使命，要以税收数据治理为契机，将税收数据增值的技术红利转化为现代国家治理效能，更好地发挥税收在国家治理中的基础性、支柱性、保障性作用。④

① 王竞达，刘东，付家成．数据资产的课税难点与解决路径探讨［J］．税务研究，2021（11）：68－73.

② 国家税务总局广西壮族自治区税务局课题组．政府涉企数据“还权”及要素化路径研究：以区块链技术实现中小微企业税务数据资产化及流通为例［J］．税务研究，2021（1）：59－66.

③ 蔡昌，赵艳艳，李梦娟．区块链赋能数据资产确权与税收治理［J］．税务研究，2021（7）：90－97.

④ 李万甫，刘同洲．深化税收数据增值能力研究［J］．税务研究，2021（1）：110－119.

（三）数字经济背景下的税法规制研究①

张守文（2021b）指出数字税立法包括在现行税法框架下进行制度改进以及制定专门的数字税法两种路径，无论采取哪种路径，都要依循差异性、经济性、规制性和可税性四大基本原理并体现相关基本价值（效率与公平、自由与秩序、安全与发展“三对价值”）。此外，还要在立法时机、立法技术等方面作出理性选择，从而推动“发展导向型”的数字税制的形成。在数字经济发展的背景下，建立在工业经济基础上的传统税收制度不能有效回应税收征纳过程中面临的新问题。②

邢丽从税制要素、税收征管制度和税收收入分享体制三个方面分析了数字经济对传统税收制度和征管带来的挑战，并分别从推进不同税种的税制改革、推动数字化征管制度和手段创新、优化地区间税收分享制度等方面提出应对举措。数字经济的蓬勃发展给世界各国国内税法体系和国际税收规则带来了新的挑战。③

柳东梅认为，我国应坚持税收中性原则和公平原则，做好国际税收规则变革与国内税法的衔接；不必开征数字服务税等新税种，但须完善现有增值税制度；在所得税方面，则应创新境外非居民企业境内数字服务收入预提所得税制度。④

岳树梅等认为，中国应构建“一带一路＋全球”组织协调、“遵从＋风险”技术调和、“税种＋内外”范式联动的数字税收法治体系和“国际一统”数字市场，打造中国特色数字税收法律治理体系。⑤

---

① 摘录自《2021年税收法治研究综述》，作者：翟继光。

② 张守文．数字税立法：原理依循与价值引领［J］．税务研究，2021b（1）：31－38.

③ 邢丽．数字经济对税收制度的挑战及改革建议［J］．财政科学，2021（11）：12－15.

④ 柳东梅．数字经济国内税法改革实践、启示及应对［J］．财会月刊，2021（8）：147－153.

⑤ 岳树梅，许俊．OECD下数字税收法律治理的框架与路径：美国范式及中国借鉴［J］．法学评论，2021（6）：159－172.

（四）数字经济背景下的国际税收规则重构[①]

逆全球化和数字经济快速发展为国际税收治理带来冲击，全球收入不平等矛盾的凸显，单边措施频繁对国际投资造成阻碍，成为推动国际税收治理变革的重要力量。评估2015年以来实施的BEPS行动计划，虽然四项最低标准得到了不同程度的落地，并取得一定成效，但并没有从根本上改革国际税收治理体系。[②③④⑤]

单边数字服务税的开征虽然在一定程度上增加了征收国的财政收入，但其带来的风险和问题也不容忽视。从宏观层面看，引入数字服务税将导致巨额财政支出，而数字服务税的收入效应几乎微不足道，使财政收益的不确定性增加。[⑥]

由于全球数字经济发展不均衡，单边数字服务税相当于对现有税收利益再分配，加剧了数字企业所在国与市场国之间的分歧与争端，例如美国2019年7月对法国开征数字服务税开展“301条款”调查，并加征关税作为报复措施。[⑦]

随着开征单边数字服务税的国家增加，数字企业可能被同时纳入不同税收管辖区的征税范围，从而导致重复征税问题。[⑧]

从微观层面看，数字服务税对于市场发展是一把双刃剑，在维护

---

① 摘自何杨、王路、孟晓雨文章《2021年国际税收研究综述》。

② 特雷，池澄．应对有害税收竞争议程的发展：BEPS第5项行动计划的回顾与展望［J］．国际税收，2021（4）：9－15.

③ 梁若莲，黄素华．防范税收协定滥用的全球进展：对BEPS第6项行动计划落实情况的评述［J］．国际税收，2021（4）：16－24.

④ 何杨，李晓荣．BEPS第13项行动计划全球落地情况与影响［J］．国际税收，2021（4）：25－31.

⑤ 朱炎生．跨境税收争议解决机制的改进：BEPS第14项行动计划实施进展与未来选择［J］．国际税收，2021（4）：32－38.

⑥ 邵军，杨丹辉．全球数字服务税的演进动态与中国的应对策略［J］．国际经济评论，2021（3）：121－136，7.

⑦ 朱青．美国“301条款”与数字服务税［J］．国际税收，2021（1）：43－48.

⑧ 龚辉文．数字服务税的实践进展及其引发的争议与反思［J］．税务研究，2021（1）：39－46.

数字市场公平性同时，其通过设置征税门槛歧视门槛以上的数字企业，将影响数字企业的税收安排，阻碍企业数字化转型。①

廖益新强调，要在供需利润观基础上重构数字经济时代的国际税收秩序，正确认识市场需求对企业创造利润（价值）的贡献。②

杜建伟等提出，应从政府贡献的视角，结合政府在价值创造中的作用，对“税权分配”定位进行深入探讨。③

BEPS 项目吸收了包括中国在内的更多发展中国家的参与，发展中国家在新规则制定中有更多表达税收利益诉求的机会。④

国际税改可能改写全球税务和投资的规则，使我国面临一个全新的税收体系和投融资体系。⑤

廖体忠指出，“双支柱”方案属于深度全球化范畴，参与多边共治的国家将失去部分国内立法空间和经济政策主权。⑥

从方案设计看，“支柱一”方案相当于在原有国际税收体系的旧“房子”上加上一个新征税权的“阁楼”，新旧规则之间存在着内在的矛盾与冲突⑦，“支柱一”方案的生效需要依靠市场管辖区的国内法创建新的征税权，在业已繁复的公司所得税和税收协定之上再增添全球性税制的内容，这会导致税法体系的不一致性和不确定性。⑧

邓力平等基于苹果税案发现，“支柱二”方案能够抑制主权国家

① 宋丽颖，魏佳雯．数字服务税对企业的影响及我国的应对［J］．税务研究，2021（3）：72－78.

② 廖益新．在供需利润观基础上重构数字经济时代的国际税收秩序［J］．税务研究，2021（5）：17－30.

③ 杜建伟，曹明星．国际税收治理变革的几个基本问题探讨：数字经济下的税收权力、价值创造、公私交换与税基确定［J］．国际税收，2021（1）：14－19.

④ 罗秦．国际税收治理从双边到多边的演进：新格局、新挑战及新趋势［J］．国际税收，2021（1）：20－26.

⑤⑥ 韩霖，邓汝宇．多重博弈下的百年国际税改：专访植信投资首席经济学家兼研究院院长连平［J］．国际税收，2021（12）：3－6.

⑦ 姜跃生，姜奕然．过程、要害及对策：对 OECD 统一方法支柱一方案的分析与透视（下）［J］．国际税收，2021（2）：35－57.

⑧ 李金艳．OECD 支柱一蓝图创建全球性税制的法律挑战［J］．国际税收，2021（8）：27－38.

有害税收竞争行为，压缩跨国企业的避税空间。①

崔晓静等认为，“支柱二”方案是发达国家利益诉求的集中体现，带有强烈的大国（尤其是美国）色彩，未考虑各国在不同发展阶段的经济发展目标，忽视了各国差异化的税收利益诉求。②

代志新等认为，“双支柱”方案可能会导致税负转嫁，降低数字消费者的效用。③

从我国跨国数字企业发展和所得税制现状来看，“双支柱”方案对我国跨国企业影响有限，但仍需为国内法修订做好充足准备。④

在数字商务税收征管协调方面，其关键路径在于运用税收征管新技术手段，提升跨境数字商务征税的合理性、便利性、可行性、通畅性、有效性。⑤

在数字税收协调方面，数字经济发展差异、税收管辖权认定困难、国际数字税收规则调整是中国—东盟存在的主要挑战。⑥

全球范围的减税趋势没有发生改变，并呈现以结构性减税为主、推进数字经济课税的特点。⑦

（五）数字经济背景下的税制改革研究⑧

当前，全球范围的减税趋势没有发生改变，并呈现以结构性减税

---

① 邓力平，贺慧健，王智烜．“支柱二”方案、苹果税案与国际税收规则竞争［J］．经济与管理评论，2021，37（4）：18－29.

② 崔晓静，刘渊．OECD 支柱二方案：挑战与应对［J］．国际税收，2021a（9）：51－64.

③ 代志新，高宏宇．“双支柱”国际税收新规则的影响与应对［N］．中国税务报，2021－09－22（B2）.

④ 刘奇超，沈涛．数字时代的全球性税收协议达成国际税收新秩序跨入 BEPS2.0 时代［N］．第一财经，2021－10－01（12）.

⑤ 王敏，董琦，袁娇．中国－东盟数字商务税收征管合作机制的探讨［J］．税务研究，2021（4）：97－103.

⑥ 杨晓妹，陈思伟，王有兴．数字经济背景下中国－东盟税收协调研究：兼论国际数字税收调整的冲击［J］．税务研究，2021（9）：70－76.

⑦ 胡怡建，熊惠君．后疫情时代全球减税趋势分析［J］．国际税收，2021（5）：3－10.

⑧ 摘录自张斌、蒋震文章《2021 年国际税收研究综述》。

为主、推进数字经济课税的特点。①

日本税制改革的主要措施包括：创设“数字化转型投资促进税制”，提高研发抵免上限，激励企业数字化转型；通过实施“碳中和投资促进税制”，促进构建绿色社会等。②

关于经济数字化背景下欧盟成员国的税制改革经验。欧洲法院在“Hedqvist 案”中对加密货币数字钱包服务和兑换平台相关中介服务中提出了增值税处理建议，为多数国家的加密货币兑换、使用加密货币作为支付手段以及“挖矿”活动的增值税处理方案提供了参照。③

刘尚希对“十四五”时期税收制度与经济社会的适配性作了系统理论思考，从现代化、数字化、金融化、绿色化、老龄化和城镇化六个方面阐述了新发展阶段对税制改革提出的新要求，强调构建以人为核心的创新友好型、环境友好型数字化税收制度。④

邓伟认为，在数字经济背景下将作为关键生产要素的数据纳入征税对象是税制改革的必然方向，数据收益状况决定了数据在经济上具有可税性。⑤

王竞达等认为，数据资产的可交易性、创造价值性和收益性使得对其征税成为必然。现阶段，我国无须开征专门的数据资产税，可将对数据资产的课税嵌入现行税制体系，但应合理确定数据资产税基，对数据资产制定相应的税收优惠政策，同时积极采用现代信息技术加强数据资产的信息化征管。⑥

关于数字经济税制创新，王向东等的研究表明，数字经济是以数

---

① 胡怡建，熊惠君．后疫情时代全球减税趋势分析［J］．国际税收，2021（5）：3－10.

② 李清如，高阳．2021 年度日本税制改革述评：疫情冲击下的经济复苏与增长［J］．税务研究，2021（5）：77－83.

③ 科尔曼，刘奇超，吴芳蓓．欧盟加密货币的增值税问题研究及其引申［J］．国际税收，2021（6）：38－47.

④ 刘尚希．“十四五”时期提高税收制度适配性的几点思考［J］．税务研究，2021（5）：13－16.

⑤ 邓伟．数据课税理论与制度选择［J］．税务研究，2021（1）：47－53.

⑥ 王竞达，刘东，付家成．数据资产的课税难点与解决路径探讨［J］．税务研究，2021（11）：68－73.

字产品生产、销售和数字化服务提供为内容的经济业态，是一种与传统产业迥异的新经济形态，由此导致税源发生了本质变化，从而使工业时代的传统税制难以适应。税制改革的近期目标是加快数字服务税的立法研究，考虑新税源特点，精心设计税制要素，并尽力与传统税制衔接好；中远期目标是形成以个人所得税为主体、财产税为辅助、增值税与数字服务税并存的税制结构。[①]

① 王向东，罗勇，曹兰涛．数字经济下税制创新路径研究［J］．税务研究，2021（12）：35－40.

第二章 数字经济带来的税收挑战

随着数字经济迅猛发展，“数字”元素已经遍布经济社会发展的各个领域、方方面面。数字经济在我国经济中所占份额逐年增高，在经济发展中的作用越来越重要。随着数字技术的发展而不断涌现的新业态、新模式，在促进经济发展、增加税收收入的同时，也引发和带来了一些新的税收问题。

数字经济的蓬勃发展无疑是对现行税收体系的严峻挑战。数字经济具有的流动性、用户依赖性、商业模式复杂多样等特征，使得现行税收制度与经济运行新态势不匹配的情形增加，进而导致税制运行受阻甚至是税收秩序失序，不利于经济的健康发展。具体来看，现行税收制度、政策及征管体系均存在难以适应数字经济下出现的新商业模式的情形，这也引发了诸如如何判定经济行为性质、如何界定纳税人身份、如何准确衡量税基、如何界定税收管辖权划分等一系列新问题，对现行税收体系造成了较大的冲击。因此，识别和分析数字经济对现行税收体系的挑战，是推动税制改革、应对数字经济变革、完善我国数字经济税收体系建设的重要一步。

一、现行税制面临的挑战

（一）现行税制要素界定的有效性

税制要素是税收制度的基本构成要素，是税收制度基本遵循的基础，主要包括纳税人、征税对象、税率、税基、纳税地点等。数字经济的飞速发展，使得现行税制要素的适用性及有效性均面临着较大的挑战。

1. 纳税主体身份确定困难

数字技术的发展催生了多种新兴经济形式、商业模式。“平台经济”是典型的数字经济发展中产生的新经济形式，在平台经济下又有多种商业模式，其中一种广泛运用的模式就是依托互联网平台开展的“平台＋销售商”的线上商业模式。在这一商业模式下，交易资金流动遵循从消费者到第三方支付平台再到网络交易平台与销售方的路径。具体而言，即消费者通过第三方支付平台进行支付，其后网络交易平台扣除其分成再支付给平台上的销售方。有研究认为，如果考虑不同的销售模式，从资金流向来看，第三方支付平台、网络交易平台和销售方都可能是纳税主体，负有相应的纳税义务（蔡昌、赵艳艳，2019）。然而现行税收制度对平台经济模式中各方参与者的纳税义务的界定尚不完善，加之平台销售商品和提供服务的模式较为多样，分散性强且虚拟度高，对纳税主体的界定提出了挑战。

纳税主体界定困难的一个突出问题是平台个人用户的征税问题。在电子商务商业模式下，按照《电子商务法》等相关法规的规定：不论淘宝、京东等大型电子商务平台还是个人网店、微商，均属于电子商务经营者，在达到纳税条件时，都应该及时办理工商登记和税务登记，承担与传统线下经营者相同的纳税义务。然而，有研究指出，现实中许多交易平台、第三方支付平台和个人自由职业者并未进行规范的税务登记（马洪范等，2021），加上平台业务有一定的隐蔽性，税务部门对其身份往往难以做出准确的判断，更何况将个人作为纳税主体会大大增加税务部门的征收难度与征收成本。此外，《电子商务法》存在对“零星”“小额”等概念界定不清的问题，使“零星小额交易活动不需要进行市场主体登记”等[①]可享受豁免登记的情况适用空间难以有效把握。相关法律空间模糊，增加了税务部门确定纳税人的难度。

2. 课税对象界定不清晰

一般而言，不同的经济行为取得的收入会被划分为相应的类别，在现行税制中按照不同的法律规定纳税。在传统经济中，经济活动界限较为明晰，征税对象分类标准清楚，识别与辨别相对容易，税收体系也能够良好运转。然而，数字经济的发展使各项业务的边界出现了模糊，商品与服务高度融合，一项经济活动可能是多项业务种类的糅合，这就导致现行税制下的课税对象判定标准难以适用于新兴的数字经济商业模式。

以增值税为例，传统以“环环相扣，增值征收”为基础，将商品与服务分类征收的制度规定，在商品与服务高度融合的数字经济模式下受到极大挑战。如在平台网约车服务中，出行服务公司就是将为司机提供的信息技术服务和为乘客提供的交通运输服务融合为一体，构成了一项综合性服务。但现行税制中，交通运输服务和信息技术服务是两种不同的课税对象，这就导致网约车服务在课税对象具体税目的适用上出现分歧。

对个人所得税而言，收入项目的界限不清会对个人所得税适用税目的辨别造成一定的冲击。目前对灵活用工人员的规定还有待明晰，国家税务总局在《对十三届全国人大三次会议第8765号建议的答复》中明确，灵活用工人员从平台取得的收入包括劳务报酬所得、

① 《电子商务法》第十条规定电子商务经营者应当依法办理市场主体登记，但是，个人销售自产农副产品、家庭手工业产品，个人利用自己的技能从事依法无须取得许可的便民劳务活动和零星小额交易活动，以及依照法律、行政法规不需要进行登记的除外。

经营所得两大类。其中，灵活用工人员在平台上从事设计、咨询、讲学、录音、录像、演出、表演、广告等劳务取得的收入，属于“劳务报酬所得”应税项目；注册成立个体工商户，或虽未注册但在平台从事生产、经营性质活动的，其取得的收入属于“经营所得”应税项目。以是否注册为个体工商户来区分灵活用工人员取得的收入的应税项目归属，虽然符合《个人所得税法实施条例》的相关规定，但这一规定本身就存在经营所得与劳务报酬所得在某些情形下有一定的重叠，加上平台经济模式多样、形式复杂，导致灵活用工人员的应税所得在某些情况下无法准确辨别其所得项目的归属及适用的税收政策。

供应商授权某种技术给购买者，通过互联网令其远程自行使用的方式取得的收入，在划分收入类别时也会产生争议。有人认为其应该按特许权使用费确认收入，而有人认为这种所得应该属于销售收入。所确认的收入类别不同，其相应的税收处理也不同，如作为特许权使用费，则需要在市场地国家缴纳预提所得税，但如果作为销售收入则直接在居住地国缴纳税款即可（陈勃，2020）。

随着数字经济的发展和数字技术的运用，数据本身即可产生大量的经济价值，并逐渐成为关键的生产要素。然而现行税制下，数据作为课税对象也没有清晰的界定。在现行增值税制度下，数据没有被单独地明确界定为某项无形资产。《营业税改征增值税试点实施办法》对无形资产的界定项目中并没有包含数据。有研究指出，数据的生产和交易没有可以准确度量的进项税，因此按照销项税额减进项税额进行计算征收的增值税也不适用于对数据征税（邓伟，2021）。在现行所得税中，也存在类似的问题。

此外，随着人工智能（AI）的诞生和广泛使用，学术界也开始对机器人的征税问题展开了广泛的讨论。一些学者认为，机器人已经代替劳动者广泛参与经济活动，从税收公平、税收中性、税收与创新平衡发展以及税基缩小的立场来看，应该对其征税。而另一派学者则反对向机器人课税，认为：第一，机器人只是工具，并不具备法律主体地位，不应对工具征税；第二，对机器人征税不利于企业进行现代化创新，不利于现代科技和经济的发展；第三，对机器人征税会颠覆现有的税制设计逻辑及原理，对现行税制结构产生巨大的冲击。①

3. 税率设定合理性的挑战

数字经济的发展促使税收制度进行改革和创新以适应新兴的数字经济活动，不论是对现行制度的改革还是设立全新的税收制度，税率的设定都是其中的关键挑战。

税率的设定能够体现政府对数字经济发展的态度，若政府对本国的数字经济发展采取鼓励和支持的态度，则会制定较低的税率或实行一定的税收优惠政策，刺激数字经济产业的蓬勃发展；反之，若政府更注重于自身税收收入的实现，则会设定较高的税率以尽可能地从数字经济行为中获得足额的税收收入。此外，税率的不当设定也会对数字经济企业的行为产生扭曲作用，若税率设置过高，可能会增强数字经济企业偷税漏税的动机，使税收风险增加，进而提高税务部门的征收管理成本，对税务部门的税收征管工作造成更大的压力，不利于税收秩序的维护和数字经济的发展。

4. 税基衡量的挑战

税基是计税依据或计税标准，是据以课税的基数。数字经济对现行的税基核算方式提出了较大挑战，目前有研究指出了存在的一些问题。

第一，数字经济呈现规模报酬递增的特点，“免费”的服务易被忽略。由于数字产品易于被复制，边际成本极低，加之数字经济产品具有网络外部性，收益随用户增长而提高（杨庆，2020）。在这种模式下，平台为吸引更多客户会对其提供免费的商品或服务，而这些通常被忽略导致税基被低估。例如，短视频平台为吸引用户以红包作为奖励，但这一方式除了可以核定平台的奖励成本外，客户的收益以及

① 王婷婷，刘奇超．机器人税的法律问题：理论争鸣与发展趋势［J］．国际税收，2018（03）：29－36.

客户使用时短视频的收益均没有被包含在税基核算之内。

第二，数字经济倚重无形资产投入，无形资产价值评估对税基计算提出了挑战。数字经济时代，大数据、人工智能等技术研发成为企业投资的重要方向，企业创造收益更加依靠无形资产，然而无形资产的价值却难以准确评估，这也给现行税制带来了挑战。

第三，数据作为生产要素以及资产的价值难以衡量。数字经济活动中数据具有一定的隐蔽性，没有明显的价格据以衡量其价值，并且对于其价值的核算也没有明确的标准，核算时通常基于一定的假设条件，不能准确可靠地反映实际情况。例如，存在因平台产生的直接、间接收益无法分离而使税基被低估的情况，也存在因同一产品被归属两次使税基被高估的情况（马洪范等，2021）。

5. 纳税地点确定的挑战

纳税地点是对纳税人税款申报缴纳地的规定，是税制要素的重要部分，数字经济对现行税制中纳税地点的规定带来了一定的挑战。

在我国，纳税地点一般规定为企业的注册地。《企业所得税法》第七章第十五条规定：除税收法律、行政法规另有规定外，居民企业以企业登记注册地为纳税地点；但登记注册地在境外的，以实际管理机构所在地为纳税地点。[①]《增值税暂行条例》第二十二条中对增值税纳税地点做出了规定，将企业分为固定业户和非固定业户，固定业户不论其经营活动发生地为何处均向其机构所在地的主管税务部门申报纳税，非固定业户向销售地或者劳务发生地的主管税务部门申报纳税。同时，其中也规定：未向销售地或者劳务发生地的主管税务部门申报纳税的，由其机构所在地或者居住地的主管税务部门补征税款。

可以看出，现行的税收制度规定不论是企业所得税还是增值税，一般以企业注册地为纳税地点。传统经济模式下，企业在异地的经营活动多数情况需通过在当地自设或合作的经营实体来实现。然而，数

---

① 《中华人民共和国企业所得税法》第五十条，http：//www.chinatax.gov.cn/chinatax/n810341/n810825/c101434/c28479830/content.html。

字企业可以通过网络开展经营活动，如销售货物、提供远程在线服务等，而无须在线下各经济活动发生地建立机构场所。这也就导致过去本应属于其他地区的税收均集中在了企业注册地，不利于区域的均衡发展，纳税地点的规则设定面临极大的挑战（毛彦，2021）。

综上所述，数字经济与以往的经济运行模式不同，不论是交易模式、交易特征，还是交易对象、交易地点均发生了较大的变化，而这些变化对纳税主体的界定、课税对象的确认、税率的设置和税基的衡量等税收要素的确定产生了相应的冲击与挑战。

（二）税收管辖权界定面临的挑战

在数字经济造成的税收挑战和冲击当中，国际层面的税收管辖权涉及各国税收利益的分配，是引起讨论最多的焦点问题之一。其实，税收管辖权包括国内和国际两个层面，在国内税制面临的问题中，这一因素也不可忽视。

1. 数字经济对属人税收管辖权的挑战[①]

许多学者研究了属人税收管辖权在数字经济模式下遇到的挑战，认为数字经济相较于传统模式，打破了时间与空间的限制，使现有的属人身份认定标准不再适用。

在国际税收研究领域，有专家指出，现行的国际税收体系的建立是基于传统的经济模式，然而数字经济的诞生与发展已经颠覆了以往的交易形式和经济行为，这对国际税收体系造成了极大的挑战。税收管辖权的界定一直是国际税收规则制定的核心，目前一些国家实行以住所、注册地、居住时间等为标准的居民税收管辖权划分规则，然而这种规则在物理限制薄弱的数字经济时代已难以发挥其税收收入划分的效果（杨晓妹等，2021）。在传统的经济模式下，由于经济行为无法脱离实体载体而单独存在，以机构、住所等物理实体作为判定依据

① 属人和属地管辖权一般而言是国际税收领域的概念，但数字经济最大的冲击之一来自其突破了地域限制，在这个意义上，国内税收的区域管理同样也受到了类似的影响，因此本节通过属人和属地不同的划分来讨论这一问题。

来辨别税收收入的归属地确实是行之有效的方法（石媛媛，2021）。但现如今，数字经济已经突破了实体依托，可以通过虚拟互联网进行线上交易或电子信息服务，物理实体已经丧失了作为应税行为实现地辨别标准的经济属性。这就使得目前的基于属人原则的居民税收管辖权规则受到了较大冲击，亟待调整和改进。

有研究认为，属人税收管辖权在自然人居民和法人居民税收身份认定上均面临数字经济模式带来的挑战（张泽平，2015）。在传统经济模式下，自然人居民身份认定主要基于住所标准、居所标准和居住时间标准。但在数字经济模式下，由于互联网等线上活动的无实体性，个人从事线上交易或服务可以达到与居住在某个征税国境内同样的效果，而此时若仍采用实际居住标准界定税收管辖权的归属则是不恰当、不合理的。目前，法人居民身份认定主要基于注册登记地标准、总机构所在地标准、实际管理和控制中心所在地标准。这些标准都是通过物理存在来判断税收管辖权的归属，然而数字经济使贸易的开展与服务的提供不再依靠于物理实体，公司经营管理活动也日趋分散。因此，机构所在地和实际控制中心所在地难以准确确定，而仅仅依靠注册地标准容易出现避税问题。

由此可见，属人管辖权在传统经济模式下，借助于经济行为与物理实体之间的不可分割性，能够较好地对税收管辖权进行合理划分。但也正因为其依赖于物理实体进行识别，而在虚拟化、线上化的跨区域数字贸易环境下，属人税收管辖权就可能会丧失了其有效划分税收收入归属地的能力，使地区间、国际间税收管辖权的界定遭遇重重挑战。

2. 数字经济对属地税收管辖权的挑战

属地税收管辖权一般指收入或所得的来源地管辖权。目前许多学者对来源地税收管辖权在数字经济模式下遇到的挑战进行了研究，认为数字经济所呈现出的流动性强、隐匿度高以及去实体化等特征对以属地原则为基础的来源地税收管辖权认定标准产生了较大冲击。

属地原则的关键是对纳税主体的经营地点的识别。但在目前的互联网交易模式下，个人参与度高、业务数量庞大都导致税源的分散性强，再叠加互联网经济的虚拟属性，使税务部门难以掌握详细全面的互联网平台交易信息，进一步加剧了对纳税行为实现地点的识别与判定难度。同时，我国目前的属地制度下要求税务部门对自己管辖范围内的税收征管工作负责，但数字经济纳税主体常常规模较小以及税收登记制度模糊，没有明确划分主管税务部门，导致税务部门权责不清晰，不能有效地实行来源地税收管辖权，进而导致税收征管出现漏洞，国家税款流失（董蕾、王向东，2019）。

来源地税收管辖权在税收征管中遇到的困难与挑战在国际税收领域格外突出。所得税方面，在我国对企业所得税的来源地税收管辖权的征收标准主要有物理联系和经济联系两种。物理联系标准主要是指非居民企业在我国设立的机构场所，具体征收标准为“我国对非居民企业在我国设立机构场所的经营所得或虽然没有设立机构场所但有来源于我国境内的所得征收所得税”。① 经济联系标准主要是指没有在我国开展实际经营活动但从我国获取的利润或报酬，具体规定为“对来源于我国的转让财产所得、股息红利等权益性投资所得、利息所得、租金所得和特许权使用费所得，需由支付方代扣代缴预提所得税”。② 如众多学者所言，这种物理联系已被数字经济的虚拟经营模式打破，使来源地管辖权判定标准遭遇冲击（冯守东、王爱清，2019）。

对增值税而言，我国税法规定，境外的单位和个人为我国单位和个人提供完全在境外消费和使用的货物或服务不在增值税的征收范围内。但是，许多数字产品在使用时难以清晰地界定其准确的使用地点，导致这条规定在实际征管中难以真正有效落实。虽然目前大多数国家均将消费地作为判断增值税税收管辖权划分的标准，但各国对消费地的具体界定并不一致，如有的国家以商品的使用或服务的提供地点为标准确定消费地，也有的国家以购买商品或接受服务的人或企业

①② 冯守东，王爱清．数字经济背景下我国税收面临的挑战与应对［J］．税务研究，2021（03）：79－83．

的身份归属为标准确定消费地。这种规则上的混乱和不统一导致国际税收管辖权划分不明晰，不利于国际税收进行有效的协调与管理（郑洁、程可，2021）。综上所述，来源地管辖权不论是在企业所得税还是在增值税的征收管理中均面临着严峻的挑战。

在数字经济背景下，纳税人在一国之内跨区域经营也会遇到类似的税收管辖问题，需要通过税收征管体系的完善并结合财政管理体制改革来加以解决。

3. 数字经济对常设机构原则的挑战

常设机构在国际管辖权方面是一个重要的抓手，而且其相应的问题对于数字经济管辖权问题具有一定的启示意义，因此，本书将这一挑战与属人、属地原则并列进行讨论。目前，经济合作与发展组织（OECD）和联合国税收范本中均使用了常设机构规则，这也是对居民税收管辖权与来源地税收管辖权的协调。然而，常设机构原则也受到数字经济的冲击。一些学者基于数字经济的特征与模式，对常设机构原则在当今数字经济时代遭遇的挑战进行了研究。

国际税收协定中常设机构的判定条件要求有相对固定的、实质的和相对持续时间久的营业场所并且要求通过该营业场所进行全部或部分的营业活动。然而，数字经济不同于传统的经济模式，其无须再在经营活动的开展地建造厂房、办公楼等实体建筑，而是依靠互联网终端实现线上经营，在其他地区提供货物或服务，而这种线上远程经济活动的开展，实质上创造了价值，属于应税行为，但却由于不符合常设机构的认定标准，而没有被认定为常设机构。可见，这种以网络作为媒介和平台的数字商业模式极大地冲击了常设机构原则，不利于国家税收权益的划分与维护，影响了国际税收的传统秩序。

现行的常设机构标准仍保留具有固定性、持续性和经营性场所的要求，这显然不能满足当下具有高度无形性的数字经济商业模式，而目前不仅常设机构的判定标准滞后于经济的发展，其规则还存在一定的漏洞。《〈中华人民共和国政府和新加坡共和国政府关于对所得避免双重征税和防止偷漏税的协定〉及议定书条文解释》中规定“用于仓储、展览、采购及信息收集等活动的目的设立的具有准备性或辅助性的固定场所，不应被认定为常设机构”。但这一规则就存在一定的漏洞，例如跨境电子商务企业往往会在贸易活动国设立仓储部门，这也是电子商务企业的关键部门，然而根据上述规定却不被认定为常设机构。也就是说，数字经济下的价值创造模式已经与以往有极大的区别，传统经济模式下的准备性或辅助性环节有可能正是数字经济活动核心的价值创造环节。因此，当前国际税收征管规则下陈旧的常设机构认定标准已经难以适用于新兴的数字经济模式，需要进行重新研究探讨并作出合适的调整（郑洁、程可，2021）。

还有研究指出，以我国与东盟的税收协定为例，对常设机构的规定也存在类似的漏洞，如其规定“专为企业采购货物或者商品，或者搜集情报的目的所设的固定营业场所”和“专门从事辅助性或准备活动的机构或者场所”均不被认定为常设机构。

从以上分析可以看出，国际税收中一直以来被众多国家广泛认可和使用的常设机构原则在数字经济新模式的冲击下，显露出了不少欠缺和漏洞。常设机构规定下的持续性、实质性和固定性已难以作为有力的约束条件对跨国数字商业活动税收管辖权归属进行合理的判断，丧失了这一规则的有效性，进而对国际税收规则的变革提出了新的要求与挑战。

二、税收征管面临的挑战

（一）数字经济下税收征管理念的挑战

1. 数字经济为以纳税人管理为主的税收征管理念带来挑战

传统税收征管理念聚焦于如何对纳税人行使征收税款的权力，关注收入的实现和对纳税人缴税行为的管理。然而，这种税收征管理念不能满足快节奏的数字经济时代下各类纳税人的办税需求。

在数字经济时代下，各种经济事项趋于数字化，以纳税人管理为主的征管理念会使税务部门在征收管理体系的建设中忽视纳税人对纳税便利性的要求，从而导致税务系统存在如网络纳税平台建设滞后、电子发票制度设计不完善等问题。因此，当前税务系统的数字化纳税平台中还存在着影响纳税人缴税便利性的若干问题，距离互联网、数字化模式下要求的便捷办税、服务至上的税收征管理念还有一定差距（董蕾等，2019）。

目前，电子税务局建设还需完善，不能实现全面网上办税、网上查询、网上维权，一些业务仍需纳税人线下办理。然而当今线上经济愈加发达，其经纪业务的虚拟化也打破了地域的限制，跨地区交易日益增多，涉及的各方主体日益复杂，仅仅以纳税人管理为重点的税务管理体系和平台与这一状态不太匹配，降低了纳税便利度，提高了纳税人的缴税成本，不利于提升纳税人的遵从度，因此，需要更新和完善与数字经济相匹配的管理理念。

2. 数字经济为税收征管法律重实体轻程序的理念带来挑战

传统的税收征管中重实体而轻程序，对税收征管流程关注不够，没有构建一套完善的税收征管流程体系，使得当前的税收征管程序性流程存在事前公开不充分、事中公示不完善、事后监管不健全的问题。在这种情况下，当税务部门对违规行为作出处罚时，即使其实质上是正当且合适的，但由于其程序上的不完善和征管流程中的漏洞，使纳税人对征管部门做出的决定持有不信服的态度。这种程序上的欠缺不仅大大影响了纳税人的纳税遵从度，而且也会对税务部门的权威性和公信力产生负面影响（江燕等，2020）。

在数字经济时代，信息传播迅速、广泛，重实体轻程序税收征管理念的弊端更为严重和凸显，当前滞后的税收征管程序已不能够很好地适应经济环境，诸多新兴商业模式也对程序优先税收征管理念在平等、效率、公开等方面提出了更高要求，程序优先理念亟待延伸与扩展。程序的效率性也亟待提升。数字经济已通过互联网、大数据等科技手段大幅度提升了经济效率，而税收效率的提升却没有能够跟上经济发展的步调。《税收征管法》仅对税收征管流程中的现代化建设提出了宽泛的要求，如第六条提出“国家有计划地用现代信息技术装备各级税务部门，加强税收征收管理信息系统的现代化建设”，却没有建立与数字经济匹配的、实际税务工作中可以使用的现代化征收方式、稽查方式、监督方式等税收征程序，不能有效地提升税收征管的效率（王凤飞、贾康，2020）。

3. 数字经济对协同共治理念的要求

虽然大数据成为我国税收征管的重要手段，但我国目前的税收管理仍然比较分散，纳税主体涉税信息散落在各个税收环节中，缺乏整合，也使信息更加隐秘难以被税务部门有效利用。在数字经济时代，经济活动界限逐渐模糊，这也使原先较为分散的税收治理已经不能很好地适应数字经济发展所带来的纳税人经济行为模式的巨大改变，税务系统需要协同共治的征管理念来实现高效的税收治理（邵凌云、张紫璇，2020）。

在税收征管法律制定层面上缺乏对协同共治理念的体现。《税收征管法》缺少对各部门、各层级政府间的税收征管职责的具体规定，导致各部门信息交流不畅通，加大了税务部门对数字经济的征管难度（卢自强等，2021）。如《税收征管法》第六条规定：国家有计划地用现代信息技术装备各级税务部门，加强税收征收管理信息系统的现代化建设，建立、健全税务部门与政府其他管理机关的信息共享制度。纳税人、扣缴义务人和其他有关单位应当按照国家有关规定如实向税务部门提供与纳税和代扣代缴、代收代缴税款有关的信息。《税收征管法实施细则》第四条第二款规定：地方各级人民政府应当积极支持税务系统信息化建设，并组织有关部门实现相关信息的共享。可以看出，以上条款仅是对政府及各部门共享信息提出了笼统的、概括性的要求，并没有明确协同管理的职责划分、实施方法以及共享程序等具体实践办法。这就易导致各级政府、各级部门对协同治税的主动性不强、参与度不高、规范性欠缺，不能很好地进行部门间数据共享。法律制度中协同共治理念的欠缺，导致数字经济下的大量数据信息难以整合，不利于税务部门对隐蔽性强、虚拟性高的数字经济税源进行监管。

（二）数字经济下税收征管模式的挑战

随着科学技术的发展和互联网技术的广泛应用，数字经济商业模式日趋多元化和复杂化，复杂的互联网经济模式也对现行的税收征管模式提出了严峻挑战。

1. 数字经济对“以票控税”税收征管模式的挑战①

我国长期实行“以票控税”的税收征管模式，发票一直在我国税收管理体系中占据核心地位。以票控税征管模式下，企业间形成闭环管理，下游企业需要上游企业为其提供发票进行进项税额抵扣，进而要求上游企业进行发票的开具。同时，发票也是税务部门进行税收治理、有效地监控和管理纳税人的手段。一方面，税务部门可以通过发票获得纳税信息实现对纳税人经济行为的有效监控；另一方面，税务部门可以对违法违规的纳税人在发票方面进行控制并对其进行惩处（陈筠等，2019）。然而，税务部门一直依赖的以发票为核心的税收征管模式却在当今数字经济环境下遭遇种种困难，难以发挥其预期的征管效果。在数字经济时代，交易从线下转为线上、交易主体从企业转为更分散的个人、交易信息从清晰转为隐蔽，对以票管税模式下的税收征管体系形成了剧烈的冲击和严峻的挑战（胡连强等，2019）。

第一，数字经济下 B2C 模式的商家倾向于不开发票，导致以票管税模式难以实行。现行个人参与互联网交易增多，交易额偏小，因此消费者对发票的需求较低，商家也进而较少地开具发票，在现行的以票管税的模式下，税务部门便失去了网络经济行为涉税信息的来源，这使税务部门对电子商务税源监控乏力，以票管税模式丧失其部分效力。虽然电子发票的使用能够达到缓解纸质发票与电子商务模式

---

① 一般而言，征管模式指的是 1997 年税务部门确立的“30 字”征管方式以及相应的后续完善，研究中还会进一步详细地细化某一方面的管理方法。本书提及的“征管模式”主要是指更为详细的各方面管理方法和制度。

的不适应，但由于其无法解决个人消费者索要发票意识淡薄以及互联网经济主体在主观和客观上均缺乏开具发票的动力和约束的问题，因而，仅仅依靠电子发票并不是以票管税模式下税收征管问题的解决良方（范锰杰，2021；王凤飞，2020）。

第二，数字经济模式下存在虚开发票的风险，增加“以票管税”模式税收治理难度。现行增值税政策中规定小规模纳税人月度销售额低于 15 万元的免征增值税。在网络经济下大量经济主体为小规模纳税人，导致互联网经济平台无法取得来自服务小规模纳税人经济活动的发票，进而由于缺乏凭证而无法进行这部分的成本费用扣除，增加了平台企业的经营成本，也从主观上增加了平台企业虚开发票的内在动力。由于小规模纳税人网络经济活动过于分散和隐蔽，税务部门难以甄别其发票是否符合实际的经济活动，以票控税模式难以满足税收征管的需求。同时，线上平台企业可能为了虚增业务量而替他人虚开发票，其经济行为的虚拟性也为其虚开发票的行为提供了便利。

第三，在数字经济时代下纸质发票作为税收征管信息的载体已落后于时代的发展，“以票管税”更准确地说是“以纸质发票管理税收”，难以满足现代经济发展需要。目前在税务部门之外还有多个部门存在自己的票据管理系统，如铁路、民航等交通运输票据管理系统。票据管理系统的不统一导致涉税数据需要整合，否则不能满足当前数字经济时代的税收征管现代化要求。更为重要的是，数字经济环境下，企业经营管理较为复杂，发票已经无法全面准确地反映企业的纳税义务。

2. 数字经济对委托代征税收征管模式的冲击

税务部门为加强对分散纳税人的征收管理实行委托代征管理模式。国家税务总局公告 2013 年第 24 号《委托代征管理办法》第一章第二条规定：委托代征，是指税务部门根据《中华人民共和国税收征收管理法实施细则》有利于税收控管和方便纳税的要求，按照双方自愿、简便征收、强化管理、依法委托的原则和国家有关规定，委托有关单位和人员代征零星、分散和异地缴纳的税收的行为。[①] 具体而言，委托代征模式是指在法律未明确规定扣缴义务人的情况下，受托方与税务部门签订协议，按照协议规定代为收取税收款项。这种模式能够使征收权责明确清晰，提升税务部门征收管理的效率和便利性。

然而，随着平台经济的发展，委托代征税收征管模式不论是在制度设定上还是在实际税收征管实践中均遇到了较为严峻的挑战。委托代征税收征管模式在新兴共享经济模式下存在漏洞与欠缺（孙正等，2021）。

第一，委托代征平台资质有待完善。虽然近几年第三方共享经济平台的规模逐渐扩大，行业逐步发展壮大，诸多平台与税务部门签订了委托代征协议，代为征收纳税人的税款。但由于目前的《委托代征管理办法》尚不完善，仅从行业和经济领域的一般性要求上对委托代征企业的资质进行了初步的规定，并不能明确识别委托代征方提供纳税服务的能力，使得平台成为委托代征企业的门槛较低，无法从准入环节过滤掉可能有较大税收风险的平台。

第二，委托代征具体实施规定有待清晰。当前，数字经济飞速发展衍生出许多新兴的商业模式，加之互联网经济复杂性强、灵活性高、更新速度快，使平台在具体开展委托代征实际操作中面临实际的经济活动无法在征管规定中找到准确对应的规则的情况。例如，平台为满足消费者的需求并通过较低的价格吸引更多的消费者，会与商家合作以组合价格进行捆绑销售。但目前税收征管制度中并没有明确规定此类以组合低价提供一系列套餐服务的经济行为所适用的增值税发票类别，平台在委托代征过程中开具的发票名称难以统一，使税务部门难以进行统一有效的税收治理。

第三，互联网大数据、云计算、区块链、人工智能等技术的运用，推动经济发展模式向数字化方向发展，也让传统的代扣代缴制度

① 国家税务总局公告2013年第24号《委托代征管理办法》。

难以执行。人与人之间的经济联系因为网络变得更加频繁，居民收入的渠道不断扩展，加上虚拟货币的盛行，使得个人所得税税源更加隐蔽和分散。以网红经济为例，这一经济模式带来了部分高收入群体，但是针对这种高收入，往往代扣代缴制度难以有效地执行，个人所得税税源监管体系正面临着挑战。同时，数字化经济与个人所得税改革的叠加，对税务部门获取自然人的涉税信息的准确性和及时性提出了更高要求。在综合和分类相结合的个人所得税税制模式下，税务部门一方面要掌握数量庞大、流动性大的分类所得，另一方面还要对代扣代缴人申报的纳税人有关情况进行核实，比如纳税人的收入状况、子女数量、医疗情况、住房情况、抚养情况等基本情况，这无疑对代扣代缴制度提出了更高要求。

（三）数字经济下税收征管技术的挑战

数字经济的蓬勃发展，对税务部门的税收征管技术提出了更高的要求，以大数据、区块链、云计算、AI、5G 为代表的现代信息技术，为税务部门的税收征管提供了技术支撑和便利条件，但目前不少技术的具体应用仍然还处于探索阶段，数字经济对当前的税收征管技术依然存在较大挑战。

第一，数字经济对税务部门涉税信息的采集、分析和共享技术提出了更高要求。数字经济蓬勃发展，人民的生活方式越来越离不开互联网，由此催生了平台经济、共享经济、网红经济等一系列新经济业态，这也导致平台企业和就业者数量激增。随着越来越多的自然人参与到涉税的经济活动中，税务部门开始难以及时、有效地获取在线交易的涉税信息。以共享经济为例，共享资源所有者、共享资源使用者和平台公司都能获取一定利益，都存在涉税事项。但税务部门并不像交易参与者那样了解在线交易的全流程，不具备信息优势，造成税务部门和参与者之间的信息不对称，使得税务部门在涉税信息获取过程中往往处于劣势，加大了获取涉税信息的难度。当前的数字经济环境下，生产要素的组织形式更加灵活，个人作为市场主体的一部分，同时在消费领域和生产领域担任重要角色。如在知乎 app 上，一些用户兼具消费者和内容创造者的身份；又如在直播经济中，一些用户既有可能成为消费者，也有可能开始直播带货，这些未经税务登记的纳税人，均可能加大当前的涉税难度。此外，数字经济下各行业各区域的经济交流更加活跃，不同地域之间的线上交易活动激增，但条块化和属地化的征管体制限制了各地区、各行业之间的数据分享，导致涉税信息的互联互通、共享共治的格局并未形成（高金平，2021）。

第二，数字经济对税务部门确定课税基础的技术提出了更高的要求。数字经济带来的另一个技术难题便是收益归属问题。数字经济条件下，跨境劳务境内外参与方的价值贡献难以划分。数字经济的虚拟性使得投入的生产要素和产生的收益无法准确地对应起来，而独特性又使得税务部门无法选择可比对象对其税基进行调整。当数据成为经济活动的核心要素之后，其对生产价值的产生有着非常重要的作用，数据的流动过程就体现出数字经济的价值创造过程（蔡昌等，2020）。数字经济的深入发展，使得许多劳务活动都可以在云端完成。如设计、咨询、技术服务、项目管理等劳务活动，远程化操作越来越普遍。跨国公司与境内机构签订劳务合同时，便可通过夸大境外公司的价值贡献的方式，减少乃至规避我国境内的应税所得。此外，在传统经济格局下，无形资产的评估一向是税收征管的难题。进入互联网时代之后，特别是数字经济的到来，更是将无形资产的评估推向了风口浪尖。许多企业走上去实体化的发展道路，走向了轻资产的发展方式，现如今许多电商平台、外卖平台、打车平台、甚至是一些中轻型酒店，其本身并不拥有大量资产，而是通过为卖家和买家创造一个交易平台从而营利。如何准确界定数字资产、无形资产的价值，进而确定课税基础，目前国内外尚未有较好的办法。在这种情况下，数字资产的价值评估往往会成为税收征管的模糊之处，纳税人可以利用税务部门对数字产品的理解不深，创造避税的机会，从而造成税款流失。

第三，数字经济对税务部门税源管控和风险管理技术提出了更高要求。除通过在线平台中介进行交易以外，数字经济中自然人点对点的直接交易也在快速增加，由于缺少平台这一获取涉税信息的媒介，税务部门很难对此类直接交易的行为进行监管，削弱了税务部门“以票控税”的税源管控能力。另外，数字经济中行业间的交融变得普遍，行业分界线不断模糊，税务部门有时难以准确把握具体交易行为的应纳税额和税率。加之数字交易减少了企业经营的中间环节，交易主体变得隐蔽，税务部门难以及时跟踪交易的全过程，无法有效地开展税源监控工作。此外，大量的经济活动由线下转为线上，由现实中的物理存在转为云端的互联网数据交流，税务部门的风险识别和控制难度也在加大。当前我国的税收征管还存在税收风险识别不精准、分析手段落后、人力成本消耗过大等问题，缺乏统一、系统的风险预警指标体系、评估模型和支撑平台，国家的税收利益安全受到一定的挑战（马洪范等，2021）。

第四，数字经济对税务部门“以数治税”的技术提出了更高的要求。技术进步和产业革新催生了数字经济，数字经济的发展又对当前的税收征管技术提出了更高的要求。我国明确提出税收征管从“以票控税”向“以数治税”转变。税收征管中需要解决的一个重要问题是纳税人和税务部门之间的信息不对称问题，数字经济以其独特的虚拟性加大了这种不对称性，迫切要求税务部门提高“以数治税”的能力。数字经济中，线上海量的涉税交易数据井喷式增加，依靠纳税人自主申报来完成信息采集的方式显然不足以应对，而当前的大数据和人工智能技术尚不能完全实现纳税人数据的采集、存储、加工、分析、交换等全流程。此外，传统税收征管主要采取的是属地管辖模式，但网络平台上大量存在的自然人之间的交易，使得税源与属地管辖机构的匹配度降低，税务部门不能准确捕捉到交易活动主体的业务经营范围和经营地点。由于交易活动中价值链条环环相扣，这一问题未来可望利用区块链技术来解决。当前区块链技术在税收征管领域还处于起步阶段，许多地区的税务部门还无法利用区块链技术在电子支付、数字货币、物流追踪和不动产交易等环节实现信息的全程可追溯。可见，数字经济的隐蔽性、虚拟性和大数据性，对税务部门提高以数治税的能力提出了更高的要求。

三、税收收入地区分配面临的挑战

（一）经济数字化带来的税收收入格局变化

不论是数字产业化还是产业数字化，均能够通过数字技术与传统行业的融合，增加企业的收益、扩大企业的数量与规模，改变产业格局，进而增加相关产业增值税以及企业所得税等多个税种的税基。2019年，制造业和批发零售业的全国线上销售额占电子商务总销售额的比重分别为33.3%和49.7%；2015～2019年，全国信息传输和信息技术服务行业增加值年均增长率达17.9%（艾华等，2021）。

除了改变产业格局之外，数字经济产生的税收收入还会出现区域集中、地区分配不均问题。数字经济商业模式的一大特征就是企业无须在多个地区设立实体经营机构即可在全国范围内开展经营活动，这使得大部分收入聚集于总部，因此总部所在地往往能够分配到更多的税收收入。同时，由于生产经营活动向总部聚集，一些分支机构逐渐萎缩不再承担纳税义务，这将缩减总部之外其他地区的税收收入。目前，我国数字经济企业总部大多位于东部沿海地区，因此数字经济的总部聚集效应造成了东西部间税收收入差距的进一步扩大。有研究基于2015年6月阿里研究院提供的中国294个地级及以上城市的电子商务发展指数得出，中国城市电子商务发展水平在省级层面呈现出自东部沿海向西部内陆由高到低的阶梯状分布的特征，长三角、珠三角以及海峡西岸经济区电子商务企业发展较为聚集（浩飞龙等，2016）。有研究指出我国地区间经济发展差异较大，区域政府间财力不均衡，数字经济的发展则更加剧了地区间的财力差异（袁从帅、赵好婕，2021）。有研究基于2015～2018年我国各省份数字经济指数，通过实证分析证明了数字经济的飞速发展在一定程度上加剧了区域间税收收入差距扩大。数字经济在区域间发展的不均衡将加剧与之相关的税收收入的区域间分配问题（王卫军，2020；刘怡，2019；陈筠等，2019）。

（二）税源与税收收入实现地背离的冲击

地方政府通过税收筹集资金，为本地区居民提供公共服务，因此，地方政府征得的税收应当和本地区的税源相一致，这就是税收与税源一致性原则。然而，数字经济的发展除了造成税收经济格局变化之外，在实践中还伴随着税源与税收收入相背离的现象。

对于增值税而言，税收收入与税源背离的最主要原因是我国现行的生产地原则，数字经济的发展则加剧了生产地原则下税收收入与税源背离以及其引发的一系列问题。增值税的生产地原则导致了税收收入归属地与税源的不一致，加剧了政府间的竞争和地区间的财力差异，造成经济行为的扭曲（谢贞发，2012；杨帆，2014；吕冰洋，2015；刘怡，2016）。生产地原则指增值税收入归属于商品或服务的生产或提供地。然而增值税作为间接税有一定的税收转嫁效应，当商品在生产地以外的地区销售时，税负就会转嫁到销售地的消费者身上，在生产地原则下就会造成税源与税收收入归属不一致的情况。这也导致生产地政府会为了获取更多的税收收入而实行一定的激励政策以吸引企业在本地区注册，进而扭曲了企业的经济决策，加剧了地区政府间的税收竞争，进一步扩大了地区财政收入差距。

随着网络电子商业的发展、物流环节的完善，大量交易转移到线上进行，企业通过网络进行远程销售，将税款缴纳至企业注册地地方政府而非消费地地方政府，一方面产生了税收收入格局变化，另一方面更加剧了企业生产地与消费地的分离，使税收转移问题更加严重。有研究基于2019年我国四大区域网上零售额、网络零售占比、居民网络消费支出以及全国总体零售平均税负等数据，估算了电子商务导致的我国四大区域的税源转移额。估算结果发现我国东部和东北地区为税收流入地，2019 年税收转移额分别为 650 亿元和 103 亿元，中部和西部地区为税收流出地，2019 年税收转移额分别为 –251 亿元和 –296 亿元，这一不小的数据是数字经济税收格局变化和税源收入背离的共同结果（袁从帅、赵妤婕，2021）。此外，不仅数字经济线上商业模式因其具有生产集中、消费分散的特征而对生产地原则提出了挑战，生产地原则也不利于线上商业的发展。在生产地原则下，消费地政府由于无法获得相应的税收收入而缺乏支持线上商业发展的动力，进而不利于线上商业企业地区间的均衡发展（刘怡等，2019）。

从以上分析可以看出，数字经济的虚拟性和跨地区性，加剧了税源与税收实现地的背离，而数字经济地区间发展的不平衡也进一步扩大了区域间税收收入的分配不均，拉大了地区间的财力差距，需要通过完善优化财政税收体制，从税收收入分配或财政资金分配的角度平衡地方财力，促进地区经济的均衡发展。

四、数字经济对国际税收规则及发展的挑战

（一）数字经济给国际税收领域带来的挑战

第一，数字经济条件下，传统的常设机构的判定标准亟待完善。随着互联网技术的不断发展，跨国企业向世界各地客户提供商品和服务时，无须在当地设立常设机构，如在线广告、在线中介等服务，完全可以实现无实体跨境数字交易。目前世界上大多国家之间都签订了税收协定，对于积极投资所得，往往通过常设机构来判断来源国是否有征税的权力。即使国与国之间没有签订税收协定，国内法也会根据跨国企业在来源国设立的机构场所进行征税。越来越频繁的跨境数字交易，打破了这种传统格局，来源国无法行使征税权，使得数字经济输入国缺失了本该拥有的征税权，传统的常设机构判定标准逐渐不适用于数字化了的商业模式。比较典型的是，传统的准备性和辅助性的

活动场所，在跨境数字交易中是否构成常设机构？从国外的实践看，仓储等准备性、辅助性活动在经济数字化背景下确实可能形成常设机构（何杨等，2019）。

第二，数字经济条件下，部分国际贸易往来的所得类型难以准确判定。传统经济格局下，各国签订的税收协定，大多参考了经合组织范本以及联合国范本中的所倡导的税收利益分配方式。通过划分不同类型的收入，规定不同的税收利益分配方式。由于各类收入所占用的来源国和居民国的经济资源不同、对各国的经济重要性不同，将收入细分来进行税收分配的方式得到绝大部分国家的认可。但随着互联网大数据的发展，对收入的定性分类标准已然不适应数字经济时代，特别是商品和服务的界限变得愈加模糊，给了跨国纳税人过多的灵活纳税空间。比如，许多书籍报刊等有形商品都可以通过数据传输的方式进入他国境内，一些咨询技术服务直接可以在云端进行，那么这些数据化的有形商品和服务在营业利润、特许权使用费和劳务收入中该如何区分？目前许多为消费者提供云端存储空间的 app，其获取的收入是营业利润还是视同租赁收入？新兴的 3D 打印技术能够在远端直接按照消费者的要求，输入数据进行打印，如此获取的利益属于销售商品还是提供技术服务？数据网络的快速发展，丰富了经济运行的方式，也迫使国际税收征管需要在所得类型的判定上进行改革。

第三，数字经济条件下，预提所得税的课税制度需要进一步完善。预提所得税作为一种跨境所得支付方式，由于其操作简单，在全世界的许多国家都被普遍使用。但数字经济条件下，预提税的征收会面临一个问题，即一家从事跨境数字交易的跨国企业，如果在来源国未设立常设机构或机构场所，其线上交易所获取的收入会根据其产品和服务的交易总额被征收预提税。但如果这家企业在来源国设立了常设机构或机构场所，那么意味着这笔交易将会被纳入常设机构所得，被征收以净利润为基础的企业所得税，这可能会对市场行为造成一定干扰。

第四，数字经济条件下，所得税等直接税的征管面临挑战（李香菊等，2020）。

首先，居民管辖权面临着巨大挑战。在数字经济背景下，个人可以不和市场国产生时空交集而为市场国提供各种服务，打破了居民管辖权原有的联结度规则。个人的交易行为变得越来越隐蔽，收入来源也越来越多样，与个人家庭、社会关系、职业及文化等相关的评判标准也更加复杂，税务部门在判定纳税人的税收居民身份时，面临着越来越多的不确定性。

其次，来源地税收管辖权面临着巨大挑战。无论是远程的劳务提供和咨询服务，还是线上的商品销售，越来越多商品和服务交易并不需要在市场国设立一个常设机构。但传统的国际税收征管规则还停留在实体化的营业场所层面，市场国缺乏征税的具体依据，从而造成了大量税款的流失。

最后，跨国公司利用转让定价方式避税的现象也越来越严重，尤其是利用无形资产转让定价进行避税。数字巨头谷歌曾经利用“爱尔兰荷兰三明治”的避税架构，苹果公司也采用过 iTax 国际避税结构，造成了英国和意大利等欧盟国家大量的税款流失。无形资产在转让定价中地位越来越高，成为跨国企业转让定价的重心是有根据的。一方面，跨国数字企业去实体化的趋势非常明显；另一方面，近年来技术进步的加快、高层次人才的引入、研发到投入过程的缩短使得企业进行技术投资的动力更加充足。因此，企业通过无形资产定价的方式进行利润转移的避税动机也就更强。

如果税务部门能够对无形资产进行有效的评估，跨国数字企业便难以利用无形资产来转移利润。但问题在于，各国对无形资产的定义都没有统一的标准。例如，美国在具体认定无形资产时需要法院的事实判断，而 OECD 则主要通过转让定价的价值导向来完成对无形资产的认定（郑伊，2019）。而且，数字经济的发展加快了无形资产价值的变动，无形资产种类变得更加复杂，税务部门难以跟上信息技术的发展，无法从第三方那里获得有效的可比信息，也就无法遵循独立交易原则来评估无形资产的真实价值。这种情况也发生在一方向另一方支付特许权使用费时。由于企业与企业之间情况的特殊性，税务部门很难遵循独立交易原则来调整交易双方的特许权使用费。数字经济的发展，加快了无形资产的研发速度和价值变化幅度，导致利用无形资产进行转让定价以转移利润的避税行为越来越严重。

第五，增值税等间接税的征管面临挑战。有研究认为，国际税收征管在间接税层面存在两方面的问题：一是跨国纳税人滥用低价值货物免征额政策，通过拆分订单行为规避税负；二是数字税收在国际层面存在立法缺失的问题，尤其表现在在线广告服务这一数字经济内容下。①

首先，随着数字产品和服务跨境交易量增加，拆分订单这一形式造成的税收流失规模越来越大。数字产品和服务往往采取的是非实体的网络交易，企业并不需要特地在市场国设立专门的营业场所，这种虚拟的交易方式也使得税务部门在进行征管时，难以找到合理的证据对跨境交易行为征税。而且数字经济的发展使得市场的准入门槛有所降低，低价值的产品和服务也因此大量涌入市场国，但传统税收征管制度往往采取的是“抓大放小”的形式，对低价值货物或多或少存在免税进口的政策，从而使得跨国交易双方为达到避税目的进行订单拆分，严重损害了市场国的税收利益。

其次，各国在跨境数字服务立法方面也需要进一步地探讨。在“双支柱”出台以前，如在线广告费用、在线咨询服务等相关交易的征管，缺乏明确的税收法规依据，各国对于将其判定为“技术服务费”“特许权使用费”还是“劳务或销售所得”的规定并不一致，也为此类线上服务交易留下了避税空间。本着价值创造与税收一致原则，市场国在理论上对境外提供的在线广告服务是有征税权利的，可以从该项服务所创造的利润中征收相应的税收。但实际上税务部门通常难以界定利润的产生来源和在线广告的具体受益群体，税收征管过

① 李香菊，刘硕，姚琴．数字经济背景下税收征管体系的国际经验与政策建议［J］．经济体制改革，2020（01）：156－163.

程中存在较大的自主性。

目前，发展中国家在间接税领域还没有明确数字化的征税原则和征税方式。对于以增值税为主体的间接税来说，通常有原产地课税原则和目的地课税原则，由于各国在数字交易方面并未实施一致的征税原则，导致了严重的重复征税问题和非故意性质的双重不征税问题（何杨、陈琍，2019）。具体来说，如果提供数字产品服务的居住国实行原产地课税原则，而数字产品服务接收地实行目的地课税原则，便会造成数字产品的双重征税问题。反之，如果数字产品服务接收地实施原产地课税原则，而提供数字产品服务的居住国实行目的地课税原则，则大概率会造成双重不征税问题。

第六，现存的国际税收协调机制受到挑战，改革步伐加快。目前的国与国之间的税收征管工作，主要是由一系列税收协定进行协调的，解决的也主要是国际间重复征税和跨国纳税人逃避税的问题。但在数字经济背景下，跨国企业的全球价值链体系发生了改变，税收协定并不能完全解决国际税收问题，跨国的涉税数据成为跨境税收治理的关键。新兴商业模式的涌现以及大量涉税信息集中于云平台，使得国际税收征管核心从过去的不重复征税转变为防止双重不征税（彭敏娇等，2021），这也使得各国必须要改革现有的税收协调机制，在这种背景下，“双支柱”方案得到了大部分国家的认同。

（二）数字经济下国际税收格局的新变化

目前，在 OECD 和各国的努力下，国际上应对经济数字化税收挑战的共识解决方案也逐步成型。早在 2015 年 10 月的 BEPS 第一项行动计划成果报告中，就开始探索数字经济对税基侵蚀和利润转移造成的问题及风险，但并未提出解决方案。近年来，某些国家已经开始对美国的数字巨头企业单方面征收数字服务税，虽然数额并不大，但国与国之间传统的税收利益分配格局遭受到巨大的冲击。2020 年 10 月，在各国谈判与协调之下，OECD 终于发布了“双支柱”方案蓝本，联合国也推出了基于双边的解决方案。2021 年 10 月，BEPS 包容性框架下的140个成员国中已有136个国家和地区同意“双支柱”方案共识方案的声明，以期解决数字经济下各国税收利益分配不均和跨国企业避税等问题。总的来说，数字经济下国际税收格局有了新变化。

第一，从单边走向多边，从竞争走向合作。早在新冠肺炎疫情爆发以前，欧盟就开始着手数字服务税的征收，但是欧盟内部各国之间对数字服务税的态度也不尽相同，导致了数字服务税始终未能出台。新冠肺炎疫情爆发之后，全球经济下行，许多国家的财政收入陷入严重困难，一些极力主张征收数字税收的国家率先开启了单边征税的先河。法国、英国、奥地利等欧洲国家已经实际上开征了数字服务税，一些国家如西班牙和肯尼亚也都立法确定了数字税收的开征。英国、法国等国家的数字服务税主要是以数字广告服务、数据运用和数据中介服务为征税对象，其征收的应税所得门槛较高，税负主要由中国和美国的大型跨国数字企业承担。而针对单边征税规则，美国表示强烈反对并立即展开了报复，对征收单边数字服务税的国家展开了专门调查，激化了国际间的税收利益分配矛盾。为应对数字经济带来的税基侵蚀和利润转移问题，同时缓和国际税权划分，营造公平的国际贸易环境，以OECD和欧盟为代表的一些国际和地区性经济组织积极推进数字税收的多边规则制定，在多边包容性框架的基础上提出了“双支柱”方案，获得了绝大部分成员国的认同。各国逐渐以合作的态度接受数字服务税的开征，国际间的税收竞争得到缓解，税收协调和税收分配关系得到进一步发展。可以说，“双支柱”方案为构建稳定和公平的全球税收治理体系奠定了坚实的基础，将有利于全球商业环境向更好的方向发展（孙红梅，2021）。

第二，越来越重视市场国的税收利益。传统的经合组织范本以及联合国范本，都主张以常设机构作为税收分配的物理要式，将非居民企业是否在市场国设立了常设机构（或者是视同常设机构的存在）、是否实质性参与了市场国的经济活动作为分配标准，以此对跨国企业的营业利润进行分配。跨国公司可以通过避免在所得来源国形成常设机构的方式，规避市场国的纳税义务，损害来源国的税收利益。特别是在数字经济时代下，当虚拟的网络交易取代了现实中的物理存在，常设机构的判定便越来越困难，市场国的税收流失也越来越严重。而“双支柱”方案在一定程度上摒弃了常设机构的概念，不再将非居民企业在市场国的“物理存在”作为来源国征税的唯一依据。“支柱一”提出了新的联结度规则，放弃了传统国际税收领域的独立实体原则和独立交易原则，开始以比例分配的方式赋予市场国一定的征税权力。“支柱一”的金额 A 直接将跨国数字企业的部分利润划分给市场国，而金额 B 则主张跨国数字企业将其在市场国进行的基础营销分销活动的所得，以固定回报的方式向市场国纳税。同样实施全球征税、抑制跨国企业逃避税行为（即“支柱二”）也体现了对市场国税收利益的保护。“支柱二”中的低税支付规则（UTPR）和应予征税规则（STTR），在一定程度上减少了市场国的税基侵蚀问题。关联收款人收取的利润在居民国所缴纳税款低于居民国最低税额，或者有效税率低于全球最低税率时，低税支付规则赋予了来源国对该笔款项源泉扣缴的权力。应予征税规则则赋予了市场国对居民国未充分征税的款项直接征收预提所得税的权力，大大削弱了跨国数字企业利用错配方式享受各国税收优惠的可能。可以看出，OECD 出台的“双支柱”方案不再拘泥于常设机构的判定，在税收分配方面赋予了市场国一定的权力，至少在法律条文上体现出市场国的税收利益得到了进一步的重视。

第三，跨国避税手段被进一步压缩。“双支柱”方案的设计促使国际税收体制的反避税机制更加完整。“支柱二”的中心观点，便是让跨国企业在各个国家总的有效税负不低于 15%，减少了跨国纳税人将高税国的利润转移至低税国的避税动机。倘若跨国企业境外有效税率低于全球有效税率时，母公司所在国可以就其未达到有效税率的利润征收补足税。过去各国的税率相差过大，而且各国之间的情报交换也略显不足，“避税天堂”的存在为纳税人进行全球税收筹划以规避税款提供了很多途径，“双支柱”方案的出台，有望加强各国之间的税收信息分享，共同加强对跨国纳税人偷逃税款的打击力度。

第四，发展中国家的税收利益可能更难保证。一些学者指出，“双支柱”方案所规定的市场国纳税权看似符合法律上的公平性，但实际上是对发展中国家尤其是弱势国家不利的（曹明星，2021）。针对“支柱一”，其中规定的市场国参与分配金额 A 实质上是对“供需利润观”的回归，也就是说，跨国企业创造的企业利润包含了市场客户创造的价值，市场地国家本就有权对企业的跨境销售所得进行征税。在过去传统的国际税收规则下，尤其是经合组织范本所推崇的居民国纳税权，是对广大发展中国家市场国征税权的剥夺，在当时是有益于众多欧盟国家的税收利益的。但是随着数字经济的发展，一些长期处于工业产业链上游的欧盟国家开始处于数字经济的下游，逐步成为跨国数字企业的市场国。因此以居民国为主导的国际税收规则不再符合欧盟国家的税收利益，在尚未达成全面共识的情况下，OECD 顺势而为着重强调市场国的地位，实际上是为了实现发达国家产业链和价值链的既有利益，掩盖数字经济时代跨境交易征税权的平衡化需求，广大发展中国家在国际税收格局中依旧处于边缘地位。

就“支柱二”来看，其所强调的“全球最低税率”看似能够保障市场国应有的税收利益，压缩跨国企业的避税空间，但这种忽视各国发展状况的方案过于理想化了。对于落后的发展中国家来说，其最严重的并不是税基侵蚀和利润转移的问题，而是税基过窄、税源不足的问题。在过去的框架之下，发达国家常常会被要求在税收协定中单方面给予发展中国家税收饶让的特权，发展中国家因此可以利用税收优惠来吸引外资，从而发展经济。“支柱二”倘若将这种情况排除在外，可能使得发展中国家丧失财政自主权，压制落后国家的加速发展权，最终导致发展中国家的税收利益更难保证。

（三）国际税收规则及协调机制变化对中国的影响

随着各国在“双支柱”方案上达成共识，国际税收协调机制逐渐从传统的以双边税收协定为主体的协调机制转变成以“双支柱”

为主体的协调机制。

目前已有研究在探讨“双支柱”方案对我国的影响。一些研究认为，“双支柱”特别是其中的“支柱二”会降低我国的外资吸引力以及对外投资的动力，增加引进来和走出去企业的税收负担（艾华等，2022）；多数学者认为，“双支柱”方案在目前对中国的影响较为有限，但未来影响比较深远（吴小强等，2022）。中国企业需要就其全球所得向我国纳税，加之海外利润补税的最低税率高于“支柱二”中的收入纳入规则拟议的最低有效税率，因此收入纳入规则（IIR 规则）目前对中国企业的影响有限（朱青，2021）。“双支柱”方案对我国企业的影响，可以从两个方向来分析（刘丽、陈高桦，2020）。一个是对“走出去”企业的影响，另一个是对“引进来”企业的影响，但总体来说“双支柱”对我国的影响是较小的。“走出去”和“引进来”的企业分别代表着资本的流出和流入，通过对“走出去”和“引进来”企业的分析，能够更加全面地分析“双支柱”方案对中国的影响。

1. 对走出去企业的影响

近年来，我国数字经济发展迅速，出现了诸如阿里巴巴、腾讯、字节跳动等一批数字龙头企业，其中又以跨境电商的海外发展最为迅速。随着数字企业开始加快走出去的步伐，我国已成为全球电子商务和数字支持服务的排头兵，“双支柱”方案对我国数字企业的影响正在逐渐扩大，时刻关注国际税收规则改变对我国走出去企业实际税负的影响已经成为当前非常重要的一个课题。但以目前的状况来看，“双支柱”方案对我国走出去企业的实质性税收影响可能有限。

首先，我国“走出去”企业大部分达不到“支柱一”的要求。《2018 年对外直接投资统计公报》统计显示，中国对外直接投资中制造、租赁和商务、金融、批发零售企业的比例达到了 70%。由此可以看到，至少从前几年来看，我国走出去的企业中多属于传统制造行业，数字企业并不多见。此外，企业走出去的国家多集中在“一带一路”沿线的发展中国家，这些国家市场消费水平并不高，走出去企业在境外的营收规模并不大，难以达到“支柱一”中所规定的200亿欧元营收的标准，受“双支柱”的影响也比较小。

其次，我国数字企业走向海外时都会在当地设立分公司，已经纳入相应的税收管辖范围，新规则的影响不大。最近几年，互联网企业在海外积极扩大投资，但这些企业一般都是选择在当地设立经营实体，以便更快地将产品推广至国外市场，因此“支柱一”的新联结度规则对我国海外的数字企业影响并不大。相比较而言，我国的数字税收企业面临的困难多来自西方国家的敌视态度，许多数字企业被东道国以危害国家安全为由进行了严格监管和限制，导致很多市场都无法进入，严重阻碍了我国数字税收企业走出去的进程。比如美国政府强行以泄露本国数据为由，强迫 TikTok（一个短视频社交平台）在应用市场下架，表现出对中国数字企业的敌视，也反映出当前走出去企业面临的难题往往在于目标国家的包容度问题。但总体而言，虽然目前“双支柱”对我国走出去企业的影响有限，但“支柱一”会增加我国数字税收企业的管理成本和税收遵从成本，我国数字企业的实际税负影响在未来一段时间会慢慢体现。

最后，中国走出去的企业多集中于“一带一路”沿线国家，这些国家企业所得税税率通常高于我国。同样地，“支柱二”对我国走出去企业的影响也较为有限。由于我国走出去企业的目标国家，主要是西方国家和“一带一路”沿线国家，这些国家的税率普遍高于我国，因此目前走出去企业大多在本国纳税，我国并不存在明显的税基侵蚀问题。但对于一些与我国没有签订税收协定的国家，低税支付原则可能会导致双重征税，导致企业承担额外一部分税负成本。另外，国内一些适用15%税率的企业，可能会因为各种额外的税收优惠导致其真实税率会低于15%的全球最低税率，这类企业在走出去时要综合考虑海外的架构和成本。因为在“支柱二”下，如果企业在海外投资所获取的利润真实税率并没有达到15%，很可能是要在中国进行补税的。

当然，也有一些学者认为“双支柱”方案会对中国走出去的企业造成一定的困难。有研究认为，目前中国的对外开放格局基本上是围绕着“一带一路”沿线投资、中国海南自由贸易港和粤港澳大湾区一体化建设展开的，主要目的是让国内资本走出国门，同时吸引跨国资本进入中国。但OECD的“双支柱”方案将妨碍跨国资本对华输入，致使许多税收协定和税收优惠政策无法发挥既有效果，同时也加重了跨国企业投资的所得税负担，阻碍了吸引跨国资本目标的实现（崔晓静、刘渊，2021）。

2. 对引进来企业的影响

总的来讲，“双支柱”方案对“引进来”企业的影响较小，但在未来有扩大的风险。虽然我国具有全世界最大的消费市场，但我国对外资数字企业进行了严格的监管和限制，因此美国的许多数字巨头企业并没有在我国形成垄断市场，甚至一些数字巨头短暂地退出了中国市场。例如，亚马逊退出了中国的零售业务，谷歌也退出了中国市场，诸如Facebook、甲骨文公司等数字巨头的发展也相对缓慢。从这一点上看，“双支柱”方案的出台对在我国境内开展数字服务的企业影响并不大。

但必须注意的是，国外数字巨头企业在我国的业务模式也逐渐由“有形”向“无形”转变。如美国软件巨头甲骨文企业将关停其在中国的研发中心，转向以远程网络来提供服务；亚马逊也不再执着于中国零售市场，转向了跨境电商；谷歌尽管退出了中国市场，但依旧为中国企业在国外提供在线广告等数字服务。这些无形的业务由于大多采用云端网络的平台进行交易，而且交易数额巨大，如果没有对方国家的税收情报交换，税务部门难以精准监管这些线上交易行为，从而潜藏着巨额税基侵蚀的风险。“支柱一”引入的新联结度规则，直接解决了“显著经济存在”企业的征税问题，总体上对我国是向好的。同样地，“支柱二”中的相关规则也赋予了我国进一步征税的权力。当跨国企业在市场国税负低于全球最低税率时，我国税务部门有权对这部分利润进一步征税，因此总体上也是利于我国的税基安全的。

基于我国数字企业海外发展的模式以及重心落在发展中国家等原因，“双支柱”对走出去企业造成的税负变化并不大。而对于引进来的企业，“双支柱”赋予了市场国一定的征税权，至少在短期来看对我国影响有限，但未来可能影响深远。

第三章 数字税收制度建设及其发展

一、数字税收制度建设及其发展

（一）现行税制运行出现的新问题及其应对

数字经济不同于传统经济，其具有高度的流动性、网络虚拟性、依赖数据及用户参与、多业态融合等特征。而我国现行的税收制度在运行过程中尚未做出及时有效的调整，与数字经济的发展模式越来越不适应。以最具有代表性的平台经济为例，其经营主体自然人化、隐性化、跨区域化（甚至跨国化），一些征税对象按现行税制要素的定义可能存在多种归类。市场主体不再局限于单一的组织形式，呈现了多层次的复杂架构，形成更长的关联交易链条。从总体上看，这些新出现的税收问题大致可以概括为以下三类，我们需要全面审视三类税收问题的性质、产生原因及其影响，进而采取有效地应对策略和措施。

一是税制定义模糊与政策争议给予偷逃税更多筹划空间。数字经济的发展走在了税收政策与制度的前面，现行税收政策与制度中的征免规定不能准确适用于新经济新模式中的创新业务。例如，在对平台网络主播征收个人所得税时，通过平台支付的个人收入，在所得性质上归属于劳务报酬所得还是生产经营所得存在争议；通过互联网平台销售货物，商家按低于标价的价格销售商品，差价部分由平台予以补贴，对于该补贴是按照销售货物还是销售现代服务缴纳增值税也存在不同的观点。税收政策的模糊、缺位，不仅导致正常的业务经营存在着不确定性，也增加了税制所谓的“筹划”空间，甚至推动了部分机构和个人以“税收筹划”之名，行偷税逃税之实。从目前已有的税收案件看，现行税制对新经济、新模式涉及的课税对象、适用税率、税基等都没有明确的界定，不能完全适应数字经济发展，需要通过重新分类和定义进行明确。

二是要素流动性增强加剧税收集聚效应与地区间税收失衡。数字经济条件下，新经济新模式具有网络效应、高度流动性等特点，与以往相比，传统经济活动的实体存在、空间容量、区域覆盖、物理距离等不再成为经营规模的限制性条件。要素流动性越强，地区要素越容易聚集，经济活动的规模效应、聚集效应加强，在形成产业集聚带动地方经济发展的同时，从区域到个人也很容易聚集大量潜在和现实的税收，加剧了地区间税收收入的失衡。而且从税收来源看，这些税收实现地的税收并不都是本地税源创造的，大部分是通过新经济、新模式中的数字技术条件实现的，其中有合理的成分，但也存在不少是利用税收制度漏洞形成的，隐藏着一定的税收风险。

三是数字经济业务复杂、税源分散提高了税收征管难度。一方面，基层税务机关的征管能力不足以应对数字经济企业复杂的税收业务。在传统经济下，税收业务复杂的大型企业大多缴税数额大，由国家税务总局（千户集团）或省级税务局（重点税源）大企业税收管理部门直接管理。[①] 但在数字经济下，跨区域经营、多业务融合、税收业务复杂的企业可能达不到由上述部门直接管理的税额标准，这就造成基层税务部门税收征管能力与税源复杂状况不匹配的情况。另一

① 国家税务总局税收科学研究所课题组，谭珩，李本贵，龚辉文，孙红梅，刘和祥，陈维音，刘同洲．数字经济对我国税制和征管的影响及相关政策建议［J］．国际税收，2022（03）：3－11.

方面，跨境、跨区域交易使得传统的属地管理税收征管制度的局限性日益显现。由于征管权限的制约，企业所在地税务部门无法对线上交易的消费地实施有效管控；与此同时，经营地税务部门也不能掌握纳税人经营地址、纳税义务发生时间等交易信息，难以实施有效管理。因此，管辖权缺失与涉税信息交换不充分的情况使税务部门对数字经济的税收征管工作陷入新的困境，需要探索更加契合数字经济背景下新经济新模式的税收组织管理架构和模式。

当前新经济、新模式产生的三类税收问题要求对现行税收制度和政策进行面向数字化转型的改革和完善，在认清问题的性质、特点、发展趋势及其改革完善重点的基础上，形成一个短期措施和中长期改革相结合的框架，逐步形成与数字经济和社会发展相适配的税制体系。

（二）现行税制适应数字经济的改造完善

与传统交易一样，数字经济下的各类交易也应当缴纳增值税、城市维护建设税、教育费附加、地方教育附加和所得税。但是新经济、新业态涉及多种传统业务模式和经济形态的融合，无法准确适用针对传统经济设置的业务范围，使税制要素的不确定性增加。因此，应加快我国数字经济的税收立法，以法律的形式将纳税主体、课税对象、税率等要素予以明确，减少不确定性带来的税基侵蚀和税收流失。

1. 完善增值税制度

从课税对象看，要将数字经济涌现的数字化产品和服务交易纳入征税范围。我国目前关于电子商务课税的法律法规主要还是针对有形物电子商务，对无形电子商务产品或服务课税并没有明文规定。为避免征税真空地带出现，应及时通过立法明确对其征税（董蕾、王向东，2019）。并且，要进一步明细销售货物、劳务服务和转让无形资产的活动类别。国家统计局从“数字产业化”和“产业数字化”两方面将数字经济分为数字产品制造业、数字产品服务业、数字技术应用业、数字要素驱动业和数字化效率提升业五大类，并在此基础上进一步细分为32个中类和156个小类，应以此为基础，进一步确定不同类别数字经济活动对应的课税对象和税率。[①] 例如，明确3D打印技术服务、数据开发处理服务、数据分析业务取得的收入是按照销售货物收入还是按照销售服务收入进行计征。此外，在改革过程中，核心应是保持销售方和购买方链条的完整。对于某些创新业务，在不增加额外税负的前提下，可以借鉴增值税现有政策的处理，涉及销售的可以参考针对代销行为、视同销售的规定进行明确，对相关业务链条中涉及各方比照视同销售处理。例如，直播带货，无论实际的销售模式如何，带货的直播方均要求视同销售，真实的税负取决于销售模式，而上下游的链条得以保持，做到尽量保持应有的税负而不影响销售模式，并将涉及各方纳入税务管理范围。

从纳税人角度来看，应完善对自然人纳税人的纳税登记（彭有为、管永昊，2018）。根据营改增的规定，个人只要有在我国境内销售服务、无形资产或不动产行为的，就是增值税的纳税人。但是，在我国只有进行登记注册才能成为增值税一般纳税人或小规模纳税人，数字经济背景下急剧增多的自然人市场参与主体由于纳税意识的缺乏，不会也不知道进行税务登记注册，从而税务部门无法对其征税。因此，可以将纳税登记流程嵌入各大互联网平台，以自然人身份证号作为纳税识别号，在注册经营账号的同时进行税务登记，保证所有发生增值税应税行为的自然人都在税务部门监管下履行纳税义务。

从税收优惠来看，要从推动数字经济发展的角度调整增值税的优惠政策。我国现行的增值税缺乏有针对性地促进数字经济发展的税收优惠政策。可能软件开发的即征即退政策会被小部分涉及该业务的数字企业适用，但仍需对数字经济产生的新业务制定具有针对性的优惠措施，以全面促进行业的发展。但在给予税收优惠以提高经济发展效率的同时，也要注意防范不公平问题，如在全民交易的时代背景下，

---

① 熊冬洋．数字经济背景下我国税制改革的制度经济学分析［J］．税收经济研究，2021，26（06）：1－7.

增值税免征额不能达成扶持小本经营纳税人的初衷，反而会不符合税收公平原则，可以考虑在免征额额度内设立一个较为合适的征收率。

此外，除了考虑短期的解决方案，从中长期来看，国家税务总局税收科学研究所课题组（2022）提出可以进一步简并增值税税目和税率，以简化税制，适应多行业融合发展的新趋势。同时，鉴于数字经济对增值税“环环征收，链条抵扣”的征管模式造成了冲击，可研究对数字经济从征收增值税回归到简单的消费课税的可能性，仍旧将税负集中于消费环节，不违背增值税环环抵扣的初衷。

2. 完善所得税制度

首先，个人所得税需要通过立法手段明确新商业模式中个人取得收入情形的征收对象、收入性质和税率问题。例如，明确通过互联网进行数据传输和数据处理取得的收入是劳务收入还是特许权使用费收入；虚拟货币和现实货币之间的相互兑换是否应明确为财产转让所得缴纳所得税；主播获得的打赏收入是按照劳务报酬还是偶然所得交税，等等。明确数字经济背景下的收入应归入经营所得、综合所得还是分类所得范畴还影响个人所得税的纳税方式。例如，个人从平台企业获得的工资薪金收入，可由平台企业代扣代缴所得税，而个人在平台上的经营收入，应当作为经营所得申报纳税（蔡昌，2020）。从长期来看，未来的个人所得税改革将进一步扩大综合所得的范围，积极探索将更多类型收入纳入综合所得，也能够化解数字经济背景下所得类型难以划分的情况。

其次，完善数字经济实体的企业所得税优惠政策。目前与数字经济有关的优惠政策更多基于行业设计，存在政策辐射范围较窄、针对性和适用性不强、优惠力度不足等问题。运用税收手段促进数字经济的发展，需要考虑数字经济的特殊性，解决税收优惠政策与其发展的不适应性（刘禹君，2019）。一是要增强税收政策制定的针对性。数字经济的发展使数据成为新的生产要素，企业获取、分析、利用数据都会产生成本，应在税收政策中考虑增加数据生产要素在计算应纳税所得额时的抵扣项；将数字经济基础设施建设纳入《公共基础设施项目企业所得税优惠目录》。二是扩大税收优惠政策的辐射范围。将所有应用数字技术的企业纳入优惠范围，可以建立“数字企业”认定标准或者将现在以行业认定标准为主的政策转变为抵扣模式（彭有为、管永昊，2018）。前者可以实现对数字企业的统一指导和管理，也避免一些不符合条件的企业享受税收优惠，有助于减少税收流失的风险；后者可以通过实施税基式优惠为主的税收政策，使所有行业领域有数字投资的企业都享受到税收优惠，更好地发挥主导和激励作用。三是利用税收优惠政策加强数字人才的引进和培养。在企业所得税方面，配合个人所得税给予数字人才一定优惠政策的，可以加大企业在引进和培养人才时发生费用的抵扣力度，促进人才流动、帮助人才成长。

最后，企业所得税制度还需要解决涉外征税权划分和利润归属的问题。高度数字化的商业模式给传统的常设机构规则带来了冲击，物理存在已无法反映具有数字化特征企业的经济联结度；跨境数字化交易形成的所得是定性为特许权使用费还是营业收入，是由市场国征收预提所得税还是直接在居住国申报利润也存在诸多争议。在“双支柱”方案之前，世界各国和国际组织也提出过“显著经济存在”方案、征收预提所得税方案。

“显著经济存在”方案旨在构建数字经济下的新型联结度规则，对现有的常设机构规则进行补充，综合收益要素、数字化要素和用户要素判断非居民企业和市场国的经济存在形式是否显著。目前，已经有印度、以色列等国率先实施，但我国并没有采取这一方案。因为我国企业所得税制度并没有直接对常设机构下定义，而是规定非居民企业在境内设立的机构、场所来源于境内的所得，以及发生在境外但有实际联系的所得，应当依法纳税。如果要采用“显著经济存在”方案，我国应首先将机构、场所的概念过渡到传统的常设机构概念，再研究以“显著经济存在”规则认定常设机构的可能性，探索在国内税法层面拓展现有机构、场所的范畴，以涵盖非居民数字经济企业在我国的经济形态。①

针对数字交易征收预提所得税，是 OECD 提出的解决方案之一。一种做法是在原有利息、股息、特许权使用费等消极收入范围外，对跨境数字交易所产生的金额也同样征收预提所得税，扩大了传统意义上预提所得税的征收范围。例如，希腊和菲律宾已开始向使用软件权利的付款人征收预提所得税。还有一种做法，是将更多涉及数字化产品和服务的交易收入视作特许权使用费而非营业利润，则市场国可以根据现行的国际税收规则对其征收预提所得税。OECD 在《电子商务交易所得的税收条约定性问题》这一研究报告中指出，如果买方购买下载数字化产品的目的是获取商业性使用有关该数字化产品中的版权权利，则有关款项可能构成特许权使用费收入②。但是，预提所得税方案也存在着固有缺陷：对在境内设立与未设立常设机构的数字企业开展相同数字交易征收不同的税，税基不一致容易带来不公平问题。因此，该方案很大程度上也只能成为一种权宜之计，当世界各国达成统一的解决方案时就会被替代。不过，预提所得税方案可以给解决国内数字交易征税权问题提供启发，为防止税源流失并减少税收收入的错配，可参考预提所得税方案和增值税异地预缴的规定，对销售方销售数字化产品取得的所得在购买方所在地先预缴部分税款。

（三）建立“数字税”体系的探讨

1. 数字服务税

数字服务税（digital service tax，DST）是一国政府针对数字企业的数字广告、数据交易等经营活动所征的税款。欧盟在 2018 年提出的对数字服务提供商征收新税的建议，虽然未在成员国之间达成一致意见，但也起到了一定的示范作用，各国开始推出本国的数字服务税

① 陈勃．论数字经济挑战下的企业所得税制度回应［J］．税收经济研究，2020，25（05）：7－14.

② 延峰，冯炜，崔煜晨．数字经济对国际税收的影响及典型案例分析［J］．国际税收，2015（03）：15－19.

方案。

各国推进数字服务税的背后动因主要包括以下几种：一是为本国处于发展初期的数字企业创造宽松稳定的税制环境；二为了维护税收公平，打击恶意税收筹划，避免跨国数字巨头逃避纳税责任，同时遏制其利用互联网特性建立起的垄断权力；[①] 三是增加财政收入，缓解财政收支压力。但并不是所有的国家都支持开征数字服务税。数字企业居民国、低税率国家以及提倡国际多边协商反对单边措施的国家对开征数字服务税持反对态度。主要原因主要有三点：一是担心影响和美国的经贸关系，对本国经济造成不利影响；二是数字服务税可能会推动征税权更多被赋予市场所在国；三是数字服务税税收收入有限，此外，其他大部分发展中国家由于数字经济规模较小、征管水平比较落后和数字服务税的自身缺陷，对数字服务税采取中立态度。[②]

从各国提议开征数字服务税的情况来看，数字服务税涉及的业务主要是4类：（1）提供社交媒体平台；（2）提供搜索引擎；（3）提供在线市场；（4）提供在线广告服务。跨国互联网企业在市场国提供以上业务，需要按在该国提供的营业额缴税，税率主要在2%～7.5%。[③]

我国目前对于开征数字服务税仍持中立态度，但日后是否有可能利用该举措解决数字经济的税收挑战，可以通过分析各国数字服务税的开征条件、税制设计、征收情况以及对经济造成的影响，结合我国实际情况判断是否在我国开征数字服务税。

数字服务税在设计方面呈现了过度简化甚至堪称粗暴的特点，导致了不可避免的缺点。首先，征税门槛的设置过高，将大多数缴纳数字服务税的企业锁定为规模大、势力强的企业，但这些企业可以利用

---

① 张群．全球数字税最新进展、动因及对我国的启示［J］．信息通信技术与政策，2019（07）：81－84.

② 王克智．数字服务税立场和税制的国际比较与应对［J］．税务研究，2021（09）：77－83.

③ 龚辉文．数字服务税的实践进展及其引发的争议与反思［J］．税务研究，2021（01）：39－46.

自身垄断优势轻易将税负转嫁出去。其次，由于数字服务税不适用于税收协定，居住国没有义务为企业在别国缴纳的数字服务税提供税收抵免，这就产生双重征税问题。此外，数字服务税会对不同类型的企业产生负面影响，对于那些提供数字服务的数字企业，数字服务税影响企业的盈利水平，进而影响其支出、投资等决策；对于使用线上平台服务的企业而言，数字服务税对其最主要的影响表现为交易成本的增加和利润的减少。如果从经济效率考虑，数字服务税带来的财政收入，要小于消费者和生产者剩余损失的总和。①

考虑我国国内数字市场主要由我国企业主导，没有引入数字服务税，主张境外数字企业征税权的迫切要求；就目前数字服务税实施情况看，开征数字服务税的企业受到美国关税威胁等措施的强烈反对，“双支柱”方案也希望通过实施全球最低有效税率取代数字服务税，即数字服务税具有不确定性。因此，基于现状和发展的考虑，我国目前不适宜开征数字服务税。

2. 数据税

随着数字经济的快速扩张，数据成了关键生产要素，在经济活动中的地位越来越重要，因此考虑对数据征税也成了税制改革的一个方向。

（1）“数据”的含义和权利界定。数据是用于记录客观事实、包含有用信息的符号，符号的形式包括数字、文字、字母、图形、图像、视频、音频，以及这些形式的不同组合。但并非所有的数据都会成为数据税的征税对象，只有那些进入经济领域、与经济活动结合的数据，才能为其拥有者、使用者带来经济利益，才有可能成为课税的对象（傅靖，2020）。那些已在既有的知识产权法、财产法和税法中有明确定位的数据产品，也不在数据税讨论的范围。作为数据税征税对象的数据，主要是原始数据和那些被加工但未成为数据产品的数

① 宋丽颖，魏佳雯．数字服务税对企业的影响及我国的应对［J］．税务研究，2021(03)：72－78.

据，由于其在法律中尚没有明确的规定，需要单独讨论对其征税问题（邓伟，2021）。

数据权利包括所有权、使用权、财产权等，界定数据权属是确定数据利益归属、明确数据税纳税主体的关键，其中所有权是数据确权的争议焦点。目前，有关数据权属的观点包括：数据载体说①、制造说②和交易观念说③。但这些观点忽视了数据产生于个体行为这一关键点，未有效强调个体在数据确权中应享有的基本权益（赵瑞琴、孙鹏，2021）。企业通过记录或搜索得到微观个体行为产生的信息，其所有权仍属于个体。即使个人行为信息在大数据中的价值微乎其微，但其具有财产属性，就有必要强调其所有权。但当企业投入大量智力和劳动资源对这些原始数据进行脱敏处理并深度分析、整合，最终形成独立于原始个体的衍生数据，企业能就衍生数据及附属的大数据产品享有独立的财产性权益。

个人信息与数据产品并不等同，二者的界权形式、交易方式也当有所不同。个人信息属于数据主体的权利，数据产品则属于数据产品生产者或持有者的权利（熊巧琴、汤珂，2021）。可以设定数据原发者拥有数据所有权与数据处理者拥有数据用益权的二元权利结构，以实现数据财产权益分配的均衡（申卫星，2021）。

（2）数据的可税性分析。可税性是指某一类客体能够作为课税对象所具备的性质。可以从经济、法律、税收征管的角度分析数据的可税性。

从经济上的可税性分析，数据能通过多种形式产生经济利益，对经济生活发生实质作用，具备经济上的可税性。当数据作为生产资料被广泛用于企业的各类生产经营活动时，与其他生产资料的结合，使企业可以更好地满足用户需求、节省经营成本、提高经济效益。当数据作为商品时，与其他传统商品一样放在市场上供需求方随意挑选，

① 数据载体说，即数据原始处分权归属于数据载体的所有人。

② 制造说，即数据制造者为数据所有权的原始取得人。

③ 交易观念说，主张数据所有权应建立在交易观念基础上，归属于交易行为的供应者。

并依据相应的价格成交。数据作为交换媒介时，是一种特殊商品，它方便了大量商品、交易活动在数字经济时代进行网上交易，即虚拟货币，如比特币、Libra 等。

法律上的可税性意味着，只有法律明确规定可以对某类客体征税时，该客体才能够成为课税对象。目前，我国在增值税法规中有对数据征税的规定，如对使用固网、移动网、卫星、互联网、有线电视网络传输数据，按照增值电信服务征收增值税；对转让网络游戏虚拟道具，按照转让无形资产征税。但是对于销售数据按照哪个项目征税并没有明确规定。在所得税法中，对与数据有关的收入并没有明确规定属于哪一收入类型，如果要对其征税，通常是适用兜底条款，如《企业所得税法》中规定的“其他收入”。而在对财产征税方面，我国目前还没有把数据单独作为一种财产征税。因此，我国目前并没有完全具备数据征税的法律可税性，如果真要将数据税付诸实践，需要通过立法明确规定对数据征税，并辨析各类数据收入所属的课税对象和适用税率。

探讨数据是否具备征管上的可税性。从征管实践来看，我国与数据产业相关的税收收入规模逐渐扩大，占税收收入的比重也有所提升。随着数字经济的发展和相关产业的扩张，其征税范围还有进一步拓展的空间，说明来自数据产业的税收有望成为新的重要税源，未来有可能具备征管上的可税性，但是需要深入探讨数据征税的范围、税基确定以及适当的征收方式方法，还需找出可以作为征管的抓手，只有具备了征管的可行性，可税性才会变为现实。

（3）数据税税基的选择。征收数据税，如何选择计算税基是一个关键问题，目前关于数据税税基有以下三种选择。

一是以数据的数量计算税基。以通过网络传输的数据的数量计算税基，也称比特税。相对来说，在传统经济时代，每项投入物品的价值及其对产出的贡献很容易计算，因此，增值税等是理想的税种；但在数字经济条件下，很难计算各种要素所创造的价值，因而可以用比特税替代传统税种，以数据的传输量替代价值增加量作为税基。

但是，比特税在原理上存在不足。其一，征税对象具有局限性，且不利于当前数字经济的发展。其二，比特税忽略了数据本身的价值，容易导致税负不公。传输同样比特数量的数据，其信息含量与数据价值很可能是不一样的，因而以网络传输的数据数量作为税基是不公平的。

二是以数据的价值计算税基。以数据的财产价值作为税基征税，即对数据征收财产税。这一方案体现了量能征税的原则，有利于实现税收公平。

但这种理论仍存在三方面的不足。其一，有违税收的一般性原理。不考虑数据的收益而直接依据数据的价值征税，与税收的一般性原理不符。其二，可能抑制数字经济的正常发展。对数据价值征税会增加数据持有与流通的成本，影响相关主体生产、收集和加工数据的积极性，进而对数字经济的发展产生抑制作用。其三，确定数据的公允价值在目前不具有可操作性。

三是以数据的收益确定税基。该理论以利用数据获得的收入为税基，对数据征税。数据的收益包括保有环节的收益，也包括流转环节的收益；包括货币化的收益，也包括非货币化的收益。以数据的收益为税基征收的数据税，符合税收的可税性原理。数据能够产生收益，才具有税收负担能力。但其中有两个问题需要注意。一是保有环节的数据，受现有技术的限制目前不适宜纳入数据税的征税对象。二是以非货币化的服务为收益的数据，目前也不宜纳入数据税的征税对象。数据的收益必须是可计量的现实收益，才能征税。收益即使不是货币，但只要能被货币衡量，都属于可征税的范围。

（4）数据税待解决问题。伴随着数字经济的蓬勃发展，数据产业的规模也将不断扩大，来自数据产业的税收有望成为新的重要税源。但是，数据资产交易仍然面临大量亟待解决的问题，如数据资产化的前提、数据交易与个人隐私保护的争议、数据流通方式的选择、数据资产交易与传统商品交易的区别、数据资产交易所需要的技术支持、数据交易机制设计、数据资产的价值衡量和定价方式等。因此，需要尽早对这些问题进行研究，为实现高效便捷的税收征收管理做好准备。

二、国内数字经济税收区域协调问题

党的十八届五中全会提出“五大新发展理念”，指出协调是经济社会持续健康发展的内在要求，区域协调发展是重点之一。当前，我国区域间经济社会差距过大问题仍然突出，国内税收领域也存在较为严重的区域协调问题。长期以来，税收与税源背离是普遍存在的一种现象，由于收入产生地和收入来源地不一致，使得收入来源地没有相应的税收收入，这既不符合税收的受益原则，还会加剧地方政府间税收竞争、区域发展不平衡问题。近年来，以电子商务、平台经济等为代表的数字经济快速发展，在促进地方政府税收收入增长的同时，某种程度上拉大了地区之间的税收收入差距，对现有的征税原则下地区间的税收管辖权以及税收分享制度产生了较大冲击。数字经济背景下，如何实现国内税收区域协调成为亟待解决的问题，现有文献多数从国际税收视角研究国与国、国际地区之间的税收协调，对一国内部地区间的税收协调的研究相对较少，本部分将从改革税制体系、完善税收分享机制设计两方面进行探讨并总结国内数字税收区域协调的解决思路和方法。

（一）改革税制体系，明确征收环节税收管辖权划分

目前我国增值税在生产地征收，企业所得税在公司所在地征收，都会造成税收与税源背离问题。随着数字经济快速发展，增值税和企业所得税中已广泛融入数字经济成分，在思考税制改革的方案时需要加入数字经济进行考量。我国数字企业“巨头”的注册地和总部多分布于东部地区，其业务开展高度依赖无形资产及移动性等特征，使

得在扩大市场的同时并不需设立经营（纳税）机构，现行征税原则下产生的税收归于总部或注册地，非生产地和注册地无法征到税款，从而形成地方政府税收收入的“马太效应”①。因此对于数字经济征税不能机械地执行现行一般征税原则，需要对现行税制进行改革，其中改革的难点是对跨区域数字经济活动的税收管辖权的明确。这里需要强调，税收管辖权的明确不仅包括征收环节采用何种税收管辖权，还应包括分享环节应采用何种税收管辖权。

1. 税收管辖权的划分和税制改革的整体思路

针对当前增值税和企业所得税税收与税源背离问题以及针对跨区域数字经济税收活动管辖权确认的难点，蔡昌（2020）认为可以借鉴国际税收规则，合理分配收入产生地和收入来源地的征税权，将征税权主要划分给收入来源地，从根本上解决税收与税源背离问题。②艾华等（2021）学者提出具体的税制改革建议如下：按照消费地原则征收数字经济活动产生的增值税，考虑在《增值税暂行条例》中增加对“非固定业户”数字经济活动概念的限定，并在此基础上加入消费地主管机关依据支付信息征收税款的规定。考虑在《企业所得税法》中对“居民企业以登记注册地为纳税地点”的规定加以细化，增加数字企业虚拟经济活动的认定标准，在无经营（纳税）机构但有显著经济活动的地区建立纳税点，接受所在地税务机关的管理，以减少数字经济活动对所得来源地的税基侵蚀。③

然而，综合考虑税收管效率、对经济主体行为影响等因素，完全按照收入来源地征税并不符合我国税收国情。将税收管辖权完全分配给收入来源地，会降低收入产生地或者销售地征收税款的积极

---

① 此处“马太效应”即数字经济对高税收收入地区的促进作用大，对低税收收入地区的作用较小，而数字经济发达地区同时又是高税收收入地区，高度发达的数字经济水平对税收的推动作用更强，进而导致区域间税收收入差距越来越大。

② 蔡昌，马燕妮，刘万敏．平台经济的税收治理难点与治理方略［J］．财会月刊，2020（21）：120－127.

③ 艾华，徐绮爽，王宝顺．数字经济对地方政府税收收入影响的实证研究［J］．税务研究，2021（08）：107－112.

性，也会使得部分省份地区分享收入变化过大，不利于财政收入的稳定。因此，当前改革的整体思路应是循序渐进推进收入来源地征税，即在现阶段考虑在征收环节仍由生产地或者企业所在地征收，之后再按照一定的标准在收入来源地之间进分享（具体分享方法将在后文进行阐述）。

2. 优化税种设计，完善税制体系

除了明确现有税种跨区域数字经济活动的税收管辖权，还可以考虑通过开征新税种、完善税制体系促进区域税收协调，当前国内学者和专家主要有开征消费生产税和开征数字服务税两种观点。

（1）开征消费生产税。市场主体规模两极化和生产地纳税，加剧地区间财力不平衡。一方面，相比于传统的面对面交易，距离对网络交易的影响显著下降。在许多情况下，业务开展已不需要广泛设立相应的实体存在而进行，生产集中的现象日益突出。另一方面，一些企业业务逐渐萎缩或倒闭，一些分支机构被边缘化而不再承担纳税义务，流动个体参与网络平台跨区域销售监管困难或直接列入增值税起征点以下免征增值税，落后地区的税源进一步弱化。为应对以上挑战，从系统论角度出发建议将生产者增值税优化为以消费者消费税为主、生产者生产税为辅的组合税——消费生产税。消费生产税将纳税义务、纳税主体、纳税额分为两部分，分别为消费者消费税和生产者生产税。要求税收在价值创造地（生产者所在地）和价值实现地（消费者所在地）共同分享，提高消费者消费税比例，由于消费税归属于消费者所在地，消费税占更大比例有利于区域财力均衡。①

（2）按照消费地原则开征数字服务税。我国数字服务企业集中分布在广东、浙江、上海等东部地区，然而近些年，无论是固定端的互联网宽带用户还是移动端的互联网流量规模，中西部地区所占比重都在逐年增加，反映了中西部地区用户的价值贡献是在不断增加的。

① 王卫军，朱长胜．应对数字经济的挑战：从生产增值税到消费生产税［J］．税务研究，2020（12）：61－67.

但在生产地征税原则下，数字服务提供商所在地获得全部增值税税收利益，而消费者所在地却无法直接获得该税收利益。针对上述问题，可借鉴国际经验按照消费地原则对数字服务征税。具体做法是对居民企业或个人在我国境内销售的数字服务，在消费者购买和支付服务价款时，以现行税率（或征收率）课征增值税，税款由数字服务企业（平台）代收代缴至税务机关指定数字服务增值税专户，同时数字服务企业（平台）向税务机关提交数字服务的交易信息，尤其是消费者所在地信息。之后在税收分享阶段，利用前阶段的消费者所在地信息以及税务系统已有的相关信息进行综合判定，并根据消费者所在地进行税收返还，属于消费地政府的税款部分最终返还至消费者所在地的财政国库。[①] 这样一来，可以使更多的数字服务增值税最终流入西部地区，实现数字服务的价值创造地与税收收益地的匹配，缩小东部地区（生产地）与其他地区（消费地）的税收分配差距。

在税款的征收环节，无论是明确跨区域数字经济活动的税收管辖权还是按照消费地原则开征数字服务税，都更加符合税收的受益原则，也能够增加消费地或所得来源地，特别是数字经济不发达或者低税收收入地区的税收收入，在一定程度上缩小地区间税收差距，推动实现国内税收区域协调。

（二）完善适应数字经济税收分享机制

税收收入归属问题涉及地区间均衡发展问题。无论是生产地还是消费地产生的税收收入应当如何在各区域间进行分享都涉及复杂的经济社会问题、经济社会关系，不是简单地将一定规模的税收收入在地区之间进行分割就可以解决深层次的问题。税收收入应当如何在地区之间分享既涉及生产与消费的关系，又涉及投资、消费、出口等在 GDP 增长中的作用，还涉及就业、公共服务等经济社会发展问题，

---

① 王宝顺，徐绮爽．对我国数字服务交易试行消费地征税原则的思考［J］．税务研究，2021（12）：55－61.

涉及地区经济结构及其区域均衡发展问题。税收分享不是在征收环节按照一定标准进行收入分割确定收入归属就可以解决所有问题，是需要通过征收环节的初步分享结合财政管理体制的转移支付等制度来进行总体的协调，建立一个统筹协调各方面因素的收入分享制度和分享机制。关于税收收入如何在地区之间进行分享，尤其是从税收制度、税收征收制度角度，许多学者进行了有益的探讨，提出了一些具有建设性、启发性的政策建议。

1. 构建合理的地区分享收入分配公式

（1）增值税的地区分享。增值税收入的地区分享应综合考虑消费、人口、地区间数字经济活动等多种因素，并按一定比例权重重构地区间税收横向分享。当前增值税发票管理体系已经十分完善，针对传统的增值税交易，一般发票都会记录购货单位纳税人识别号、地址、金额等具体信息，依靠这些信息可以全面统计交易的规模和流向，为增值税按消费地原则在地区之间提供基础。除了消费因素，人口也是增值税在地方间分享的一个重要指标。一方面，更多的人口意味着更多的消费，在消费地原则下人口多的地区应分享到更多的税收；另一方面，更多的人口需要更多的公共产品，从财力均衡的角度来看人口多的地区也需要更多税收。随着数字经济的发展，也应当考虑将地区间的数字经济活动（如数字交易支付规模、互联网接入流量等）作为权重之一纳入分享公式。

（2）企业所得税的地区分享。企业所得税地区分享收入可以参考美国州之间的“税收关联”分享机制以及国际税收中关于常设机构和税收来源的分析方法，根据企业实际从事生产经营、提供服务、拥有办公地点、仓库、进行特定交易的地点进行所得来源判定，在此基础上设定动态可调整的基于销售额、职工人数等参数的地区间企业所得税分配公式，针对中西部地区可以适当设置更高分享权重，从而避免地方之间的税收竞争和过多的“总部经济”现象发生。企业所得税总分机构汇算清缴的条例和规定基本解决了企业所得税的地区分享问题，但对于母子公司之间并未有类似规定，因此上述公式法分配机制的设定就十分必要。[①]

(3) 个人所得税的地区分享。个人所得税存在“人随政策走”、地方政府对个人税收进行税收竞争等现象，最终会导致伯特兰模型中“逐底竞争”的产生，各地区收入端被削弱，同时并不能保证高学历、高科技人才对地方经济贡献的可持续性。为此，必须加强个人所得税的全国统筹，个人所得税的地方分享部分，对确有贡献、值得鼓励的个人或群体，由国家统一出台政策，针对具体的贡献水平实施优惠。为了支持中部、西部地区发展，可以由国家制定税收优惠办法，对需要人才引进的地区实施透明的优惠政策，杜绝地方恶性竞争；将个人税收贡献与其享受的公共品相匹配，可以“习惯性工作居住地”为申报地点，并借鉴国际税收“居民”概念的汇算清缴制度。此外，数字经济背景下，人力成本占比提高，人的劳动和创意等可创造价值，但人的资本化过程具有长期性，如人才培养带来的工作地与培养地分离，区域税收分配也应考虑人力资本因素（刘怡、赵煦风，2021）。

2. 循序渐进推进按消费地原则征税

现行分税制财政管理体制将我国税收收入划分为中央税、地方税和中央地方共享税，目前中央与地方共享税种主要有增值税、企业所得税、个人所得税、城市维护建设税、印花税和资源税。在数字经济背景下，涉及税收与税源背离问题且影响对税收区域协调影响较大的主要是增值税和企业所得税。

当前，企业所得税的地方收入为除列举归属中央之外的企业所得税的 40%，2008 年企业所得税改革之后，财政部和国家税务总局制定了企业所得税总分机构汇算清缴的条例和规定，基本解决了企业所得税的地区分享问题。

对于在税收收入中占比最高的增值税，其地方收入为税务机关征收部分扣除营改增给中央固定项目后的 50%，针对这部分增值税的

① 刘怡，赵煦风．以税收分享制度改革促消费增长［J］．学习与探索，2021（04）：86－93，178.

地方分享收入，改革方案有两种思路。

一是参考国际经验，将增值税作为中央税，增值税收入在对出口和留抵税额退税后，中央有关税务部门按照消费地原则下的“公式法”在地区间统一分配，通过中央集中分配有利于统一信息、提高税收分配效率，但需要考虑的是将增值税作为中央税后，中央应拿出多少比例的税收在地区间分配，是否仍然按照原有的50%的分享比例，还是需要进一步提高分享比例，目前相关研究较少，需要进行进一步的研究。

二是将增值税仍作为中央和地方共享税，只是对地方分享的增值税收入按照消费地原则管理。刘怡等学者对这种分配方案做了较为细致的研究。当地方分享增值税收入完全按照消费地原则分配时，根据2019年数据模拟的消费地原则对各省份增值税的影响如图3－1所示。从图3－1可以看出，河南、湖北、湖南、四川、福建、安徽、山东等16个省份可从消费地原则中受益。这些受益省份多位于中西部和东北地区，经济欠发达、产业发展落后、财政压力大。而经济发达、产业发展水平较高、税收收入较多的上海、北京、广东、江苏、天津、浙江等6个省份将明显受到影响。由此，初步测算表明消费地原则可以缩小地区间的增值税收入差距，促进区域协调发展，也有助于激励地方政府转变发展思路，由以往的一味鼓励生产转向鼓励消费，促进当地消费增长。①

尽管完全按照消费地原则分配地方分享增值税收入可能会在很大程度上缩小地区间增值税收入差距，但在短期内如果变化过大，将不利于收入下降较多的省份的财政稳定，同时改革也可能会受到地方政府的抵制。为考察相对于目前的生产地原则不同方案对各地区增值税收入的影响，考虑不同地区政府税收收入的变动，同时综合多方面因素、遵循利益相关者原则，刘怡等人进一步模拟了地方分享的增值税

① 刘怡，耿纯，张宁川．电子商务下的销售新格局与增值税地区间分享［J］．税务研究，2019（09）：25－34.

收入在销售地和消费地按照 75∶25、50∶50 和 25∶75 的比例分享的 3 种方案，通过测算发现随着增值税分配给消费地的比例增加，地区之间税收分布的不平等程度逐渐下降。[①] 因此，税制改革的顺利开展，不应只是征收和分享环节上的循序渐进，还应该按消费地原则分享的程度上的循序渐进，逐渐提高消费地在增值税地区分享收入中的分享比例，给各省份充分的调整和适应的时间，在保障地方财政稳定的同时，实现向消费地原则的完全过渡，促进增值税收入分享的区域协调和地方财政、经济持续稳定发展。

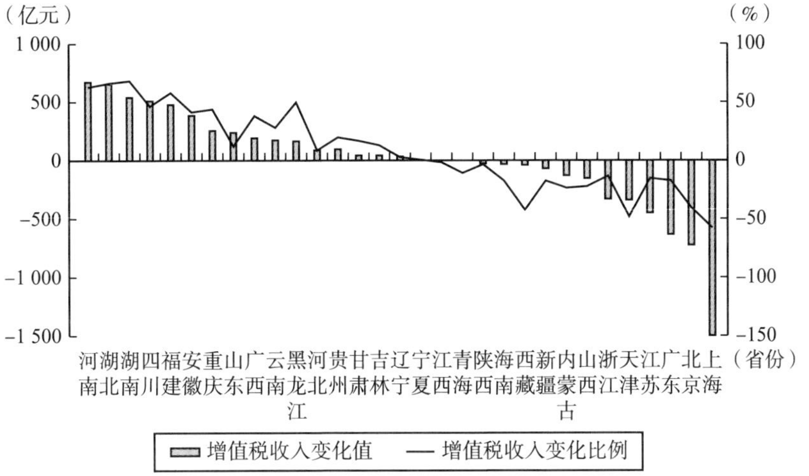

图 3－1　基于 2019 年数据模拟的消费地原则对各省份增值税收入的影响

（三）优化税收征管，推动税收信息体系建设

1. 提高税收征管效能，减少税基侵蚀

分好蛋糕的前提是有蛋糕可分。事实上，目前企业的线上、线下交易行为面临不同的征管难度，线上交易完全留痕，而线下偷漏税监管难度大，征管强度提高可能导致企业调整线上、线下业务结构，不

① 刘怡，张宁川，耿纯．增值税分享、消费统计与区域协调发展——基于增值税分享由生产地原则改为消费地原则的思考［J］．税务研究，2021（08）：28－34．

利于数字经济发展。从当前实践看，线上征管也面临技术挑战，如京东、淘宝、天猫等平台交易数据更加透明留痕，但微商、抖音等交易结算时可能跳转到个人网页或使用交易链接，网页和链接可删除导致征管追踪困难，形成数字经济活动对税基的侵蚀问题。被侵蚀的这部分税基，如果按照前面提到的地区分享收入的分配公式和消费地与生产地分配比例进行分配，消费地将流失一大部分本应归属于其的税收收入，不利于实现税收的区域协调，因此进一步提高税收征管效能至关重要。由此，需要扩大涉税信息特别是虚拟数字经济活动数据的管理范围，实现涉税信息共享，提升税收治理的数字化水平。结合数字经济活动的虚拟性及可移动性强等特征，基于大数据管理技术，优化针对数字业务的税务稽查方法，丰富跨区域稽查的手段和模式，探索对数字业务税收征管、税收治理的新机制，降低数字经济活动对税基侵蚀，提高数字经济在不同发达程度的地区间的征管公平性，防范加剧地区政府税收收入的“马太效应”。

2. 完善统计指标和税收信息统计体系

当前地方按照企业注册地、产品销售地分享增值税的弊端日益突出，迫切需要由传统的生产地原则向消费地原则转变，而准确的消费统计是消费地原则得以实施的基本前提。

短期内，加强对服务消费的统计工作，在社会消费品零售总额基础上构建“社会消费品和服务零售总额”指标，为增值税分享由生产地原则向消费地原则转变提供数据基础。在研究如何对数字产品和服务的规模、类别准确统计的同时，还需加快推进对数字产品和服务消费归属地的研究，力争通过消费指标的完善，准确统计每一笔消费的归属地，保证消费作为增值税分享基础的合理性和可靠性。通过完善消费统计，实现地方按消费地原则分享增值税收入，有助于推动增值税收入的地区间分布更加合理，促进地方政府转变发展思路、促进区域经济协调发展、推动民生福祉达到新水平。此外，数字交易支付规模、互联网接入流量等数字经济活动关键衡量指标也需要加强统计。

三、税收征管数字化与智慧税务建设

2021 年 3 月，中共中央办公厅、国务院办公厅印发了《关于进一步深化税收征管改革的意见》（以下简称《意见》），《意见》的主要内容包括“全面推进税收征管数字化升级和智能化改造”“不断完善税务执法制度和机制”“大力推行优质高效智能税费服务”“精准实施税务监管”“持续深化拓展税收共治格局”等八个部分，成为我国“十四五”时期全面推进税收征管数字化转型、实现征管模式变革的纲领性文件。

（一）智慧税务的内涵与外延

1. 智慧税务的内涵

根据《意见》确立的目标，我国到 2025 年要基本建成以纳税人、缴费人为中心、以发票电子化改革为突破口、以税收大数据为驱动力的具有高集成功能、高安全性能、高应用效能的智慧税务，深入推进精确执法、精细服务、精准监管、精诚共治。不过，学术界对其理解不尽统一。

智慧税务的核心内涵是如何认识税务管理与人工智能的关系，但无论是专业领域还是应用领域，对于这一关系一直存在着不同的看法。早在人工智能的概念提出前，诺伯特·维纳（Noebert Wiener）就用控制论来定义其对智能系统的理解，该范畴下的定义更多地运用运筹学、统计学、模式识别、信息论等概念和方法（张志勇，2021）。1956 年，约翰·麦卡锡（John McCarthy）等人在达特茅斯会议上共同提出了“人工智能”（artificial intelligence，AI）这一概念，强调对逻辑学的应用。即使在 AI 这一概念提出之后，这一领域的发展也充满着变化和波折，至少包括三次研究和应用的起落（谢波峰，

2018)，当前该领域理论和实践的主要助推力则是机器学习、深度学习等技术路线。随着人工智能的大规模深入应用，又产生了第三代人工智能的提法（张钹等，2020）。此外，王志平等（2021）提出以新坐标、新维度定位智慧税务，将智慧税务认定为以现代信息技术为手段，以推进税务系统内外部涉税信息汇聚联通、线上线下有机贯通为路径，以提高税法遵从度、社会满意度，更好满足纳税人合理需求为目的，以实现税务执法、服务、监管与大数据智能化应用深度融合，优化组织体系和资源配置为目标的一种新型税收治理方式。①

基于以上AI发展的简要历史回顾，结合相关研究机构和专家的观点，或许可以这么来抽象概括智慧税务的内涵：所谓智慧税务，是运用包括计算机视觉、自然语言理解与交流、认知与推理、机器人学、博弈与伦理、机器学习等人工智能领域多学科（所谓狭义智能技术）的方法和技术，在硬件和软件等不同层面，实现自主的感知、认知、决策、学习、执行、协作等一种或多种能力，支持税收政策和税收管理的应用要求，从而提升和增强税务管理能力和效率，以更好地改造税务管理的各项职能，是税务现代化的重要建设目标和时代特征。②

2. 智慧税务的外延

《意见》中指出要建设高集成功能、高安全性能、高应用效能的智慧税务，因此智慧税务建设不仅在技术和工程意义上需要将人工智能技术应用到税务管理当中，而且还不能忽略了其他技术和制度的应用和要求。因此，智慧税务的外延主要包括以下方面。

第一，集技术之大成，在建设高水平税务管理目标中，强调和突出智慧税务，要以纳税人、缴费人为中心，而以人为本，就要强调其智慧属性。事实上，在《意见》中就已经指出要充分运用大数据、云计算、人工智能、移动互联网等现代信息技术，在2025年实现税

① 王志平，张景奇，杜宝贵. 新坐标、新维度框架下的智慧税务建设研究［J］. 税务研究，2021（12）：124－128.

② 谢波峰. 智慧税务建设的若干理论问题——兼谈对深化税收征管改革的认识［J］. 税务研究，2021（09）：50－56.

务执法、服务、监管与大数据智能化应用深度融合、高效联动、全面升级。我国各地税务部门通过广义智能技术探索智慧税务的目前实践已经对这一观点做出了生动的现实注解。

第二，智慧税务不仅有技术能力要求，而且有业务能力目标。《意见》提出，到2025年，基本建成功能强大的智慧税务，形成国内一流的智能化行政应用系统，全方位提高税务执法、服务、监管能力，在税收执法方面，要实现税务执法质量智能控制体系；在税收服务方面，要做到高效智能税费服务；在税收监管方面，要实现智能化风险监管。因此，智慧税务不仅要有高水平的智能化技术，还要有实现高应用效能的业务系统。

第三，智慧税务延伸到税务管理的各个管理层次，并与之融为一体。如前所述，数字税务强调数字状态的税务管理运行，但未来不仅需要数字税务，更需要智慧税务，要通过“数字+智能”实现“无形胜有形”的智慧税务。在自动、主动、互动等不同层次的税务管理中，利用智能信息技术实现不同水平、不同形态的智慧税务。如图3-2所示，在自动税务管理中，通过流程自动化智能技术，嵌入规范统一的管理和服务流程与标准；在主动税务管理中，利用机器学习、自然语言处理等智能机器人技术实现便捷高效的管理与税务；在互动税务管理中，利用语音识别、虚拟现实等智能助理技术帮助征纳双方沟通。

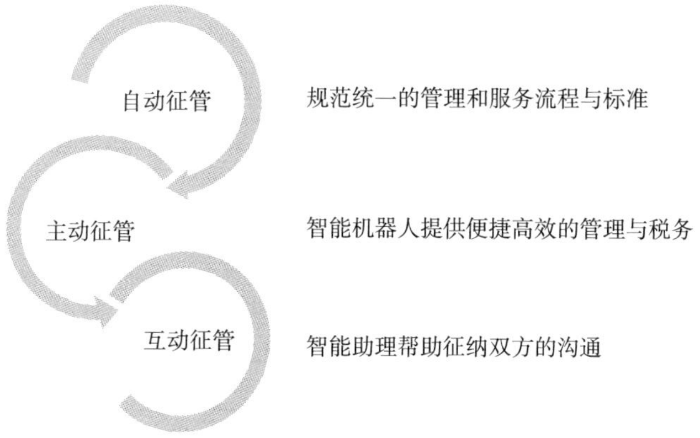

图3-2　不同层次的智慧税务

（二）征管数字化与智慧税务的发展阶段

谭荣华（2003）在金税三期立项初期，借鉴诺兰模型和米歇模型总结了我国税收信息化的发展阶段。虽然理论模型具有一定的时代穿透力，但在信息化阶段刻画发展所使用的模型大多是为了描述线下业务向线上业务移动和转换的过程，核心是集中反映线上和线下业务之间的关系。而智慧税务阶段实际上则是一个如何处理数字化与实体化之间的关系的阶段。这一关系也是以往国内外税收信息化发展过程中经常讨论的话题（Bird et al.，2008），人们常常用“鼠标＋水泥”来描述这一关系，也有人把这一过程比喻为“从手工到鼠标”。近几年，线上和线下业务之间的关系较为通俗的说法是“O2O 模式”（offline to online，线下和线上结合）。在数字化税务升级之后，这一关系（或问题）或许不复存在，业务运行将变成单线（集中统一在线上）运行模式。以电子发票为例，《意见》指出，智慧税务建设要“以发票电子化改革为突破口，要实现全流程、全领域、全要素的发票电子化”。这可以理解为完全数字化的发票运行状态。其实，这一工作早在 2013 年就由国家发展改革委牵头，在中国电信、中国联通、中国人保等单位进行了试点。当然，目前的电子发票与当时的电子发票，其业务实质和技术内涵都已大不相同。目前，电子发票经过 7 年多的推广与发展，将逐步替代纸质发票成为发票的主要存在形态。自 2020 年 1 月 1 日起，深圳前海试点全面停供纸质增值税普通发票，实现电子发票全覆盖，且未来对使用区块链电子发票的企业将根据企业实际业务开展情况不限量供应。这或许便是未来的单线运行状态。

结合理论思考和典型案例，或许可以展望，智慧税务将主要分为两个阶段：第一阶段将逐步以数字化（电子化）系统为主，实体化系统为辅，可以称为数字化升级；第二阶段将以数字化（电子化）为唯一系统，通过广义智能技术赋能，实现智能化改造（见图 3－3）。同样以发票为例，金税二期、金税三期的发票电子化是“纸电并行”，以纸质发票为主，这是当时社会信息化水平和税收管理水平制约下的时代选择。而智慧税务初期，在一段时期内，仍然将是“纸电并行”，但将转变为以数字发票（电子发票）为主。随着纸质发票的逐渐被替代，最终将达到电子发票成为唯一存在状态，实现数字发票。这一数字化升级过程伴随的智能化改造，则是实现可以自动报销、自动申报、自动归档的智能发票。这里述及的数字化升级和智能化改造的划分更多的是基于理论层面的。实践中，数字化、智能化更多是交互进行、相互融合完成的。

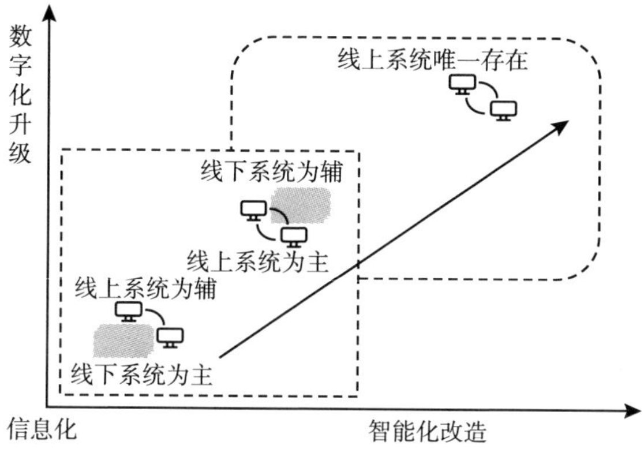

图 3-3　智慧税务发展阶段示意图

（三）智慧税务的管理模式

集成了业务和技术各要素的管理模式是智慧税务的核心特征之一。在新阶段、新目标要求下，智慧税务的管理模式中涉及全部要素的数字化升级、智能化转型问题。

第一，管理把手的数字化转变。税务管理模式将从以“纸质发票”为税务管理的主要抓手，切换到以“数据”作为税务智慧治理的主要依靠、主要基石。这里的数据既包含税务发票流中电子发票的数据和信息，也包含税务部门对生产经营情况进行智能化的判断的资金流、物流有关信息。

第二，管理周期的数字化覆盖。管理工具的数字化突破了以往的数据内循环模式，不仅支持税务管理部门内部的实时查询，还支持纳税人对有关税务数据和信息的查询、质疑、确认和授权。正如 OECD 发布的征管 3.0 所提到的“内嵌”模式（燕晓春等，2021），将税务部门的管理与企业的税务管理打通，并进一步将企业生产经营与税务管理融为一体，实现“经营即纳税”（燕晓春等，2021）。更值得期待的是，通过实名办税穿透企业，将企业经营和经营者的信用合二为一，有望实现跨企业生命周期的管理，建设“信用＋风险”税务监管新体系。

第三，管理主体的数字化拓展。“以数治税”理念下，强调以“智”促“治”，实现从“管理”到“治理”的转化，同时《意见》也首次提出要推进“精诚共治”。这就要求，税务管理数字化不能只是有关税务管理部门的数字化，还是涉税各主体税务管理的数字化。为持续深化拓展税收共治格局，智慧税务建设将要加强部门协作，这也是最受纳税人关注的内容之一。《中国税务报》调查问卷显示，高达 82.85% 的纳税人高度关注《意见》中“加强部门协作”的内容。[①] 智慧税务平台将推进纳税人涉税管理数字化水平提高，同时落实《意见》要求，助力推进部门职能紧密结合的“整体政府”，依托同一个数字身份，税收征管流程和数据源将实现无缝对接，税务部门职能与其他部门服务和管理职能将深度融合。

---

① 阚歆旸，陈俊峰，曲易伸．蓝图之下，企业有哪些“小目标”？［N］．中国税务报，2021 年 04 月 23 日（05）．

第四章 适应数字经济的国际税收制度建设

一、“双支柱”方案发展历程

（一）“双支柱”方案产生的背景

在传统的国际税收规则下，来源国主要基于三个原则对来源于本国的营业利润确立征税权，即常设机构原则、独立企业原则和独立交易原则。这些原则的确立，与传统跨境交易模式下跨国企业通常通过常设机构在非居民国开展经营活动的实际情况相适应。①

然而，在数字经济背景下，跨境交易的开展不再需要设立常设机构。易于流动的数据成为新的生产要素，由此引起的跨境交易活动方式变化对国际税收利益分配关系带来许多挑战：传统常设机构判定标准不再适用、部分国际贸易往来所得难以准确判定、直接税与间接税的征管都存在新的问题、国际税收协调机制亟待改革等。一方面为了弥补现行国际税收规则的不足，另一方面受到全球经济下行的冲击，财政压力骤增，越来越多的国家开始采取单边措施征税。但单边措施容易引起征税权冲突，并且随着各国争夺发展资源的税收竞争日益加

---

① 杜莉，李钧帆．用户参与、企业利润率与跨境数字服务所得征税权的划分［J］．国际税收，2022（03）：33 – 44.

剧，跨国企业转移利润也更加便利，税基侵蚀问题趋于恶化，因此，当前各国急需就构建公平、可持续和现代化的国际税收体系达成共识。

为了缓和国际税权划分冲突，弥补各国单边措施的不足以应对数字经济带来的挑战，经合组织在多边包容性框架的基础上提出了“双支柱”方案，试图突破现行国际税收体系的规则限制，采取完全不同的新规则、新方法和新机制应对数字经济带来的挑战。各国也争取就经济数字化引起的征税权划分和税基侵蚀问题在平等基础上达成共识性的税收规则，税基侵蚀和利润转移（BEPS）包容性框架正朝着多边国际税收组织的方向发展，国际税收多边共治格局正在形成。

（二）“双支柱”方案发展历程

1. 2013 年，BEPS 行动计划推出

“双支柱”方案源于 2013 年经合组织和二十国集团共同发起“防止税基侵蚀和利润转移项目”（简称 BEPS 项目）并确立的 15 项行动计划，15 项行动计划中第一项成果即《关于数字经济面临的税收挑战的报告》，此后，经合组织于 2013 年 9 月专门成立数字经济工作组（TFDE）具体负责数字经济税收规则的研究工作。2016 年关于 BEPS 的包容性框架建立后，该工作组又不断努力，在该框架内推动成员方就应对经济数字化税收挑战达成共识性最终解决方案。

2. 2018 年 3 月，《数字化带来的税收挑战——2018 中期报告》①

以 BEPS 行动计划与包容性框架工作成果为基础，经合组织于 2018 年 3 月发布《数字化带来的税收挑战——2018 中期报告》（*Tax Challenges Arising from Digitalization - Interim Report* 2018，以下简称《中期报告》），该报告盘点了实施 BEPS 措施以来所取得的进展及其对各类数字化挑战带来的影响。《中期报告》在某种程度上是内含多

---

① OECD. Tax Challenges Arising from Digitalisation - Interim Report 2018 Inclusive Framework on BEPS ［EB/OL］.（2018-03-16）［2022-05-14］. https：//www. oecd. org/tax/tax-challenges-arising-from-digitalisation-interim-report-9789264293083-en. htm.

重矛盾的应急之作，一方面强调“无实体规模”“高度依赖无形资产”“数据与用户”三大数字经济特征对国际税收规则带来的挑战，另一方面又明确表示包容性框架成员对此类论断尚无共识；一方面高调宣称在2020年底之前形成有全球共识的方案，另一方面又指出成员国分小改、大改、不改三个阵营，达成共识难度很大。这些矛盾之处让《中期报告》带有明显的过渡性色彩。①

2018年3月召开的G20财长和央行行长会议否定了经合组织提出于2019年更新《中期报告》的建议，要求经合组织另起炉灶、尽快研究。其后OECD多次向G20提交英国、美国、印度、法国四国的不同方案，意图改革数字经济下的国际税收规则。但各个方案所关注侧重点并不相同，未达成共识。

3. 2019年1月，《政策简报——应对数字化经济的税收挑战》②

2019年1月，OECD发布《政策简报——应对数字化经济的税收挑战》，尽管该简短至两页半的报告只是一个初步设想，但不能因此忽视其重要性。其首次提出“双支柱”设想，认为未来对跨境数字化国际税收规则的研究应聚焦两个核心支柱：“支柱一”，新联结度和利润分配规则，旨在彻底改革目前基于常设机构的国际税收体系，解决经济数字化带来的利润转移的国际企业所得征税权重新分配问题；“支柱二”，防止税基侵蚀的国际规则，要在全球推出一个最低企业所得税税率，促使跨国企业在全球都要根据自己的利润缴纳相关税收，主要解决遗留的BEPS的税收风险。③

---

① 姜跃生，姜奕然．过程、要害及对策：对OECD统一方法支柱一方案的分析与透视（上）［J］．国际税收，2020（12）：26－31.

② OECD. Programme of Work to Develop a Consensus Solution to the Tax Challenges Arising from the Digitalisation of the Economy［EB/OL］.（2019－05－28）［2022－05－14］. https：//www. oecd. org/tax/beps/programme-of-work-to-develop-a-consensus-solution-to-the-tax-challenges-arising-from-the-digitalisation-of-the-economy. pdf.

③ 霍军．跨境经济数字化与国际税收规则变局［J］．税务研究，2021（08）：77－83.

4. 2019 年 2 月《应对数字经济的税收挑战——公众咨询文件》①

2019 年 2 月，经合组织进一步公布《应对数字经济的税收挑战——公众咨询文件》（以下简称《公众咨询文件》），其以 2018 年经合组织向 G20 提交的报告中提出的分别以英国、美国、印度为代表的不同方案为基础，首次设计了“支柱一”方案，奠定了“支柱一”的基本框架。其在“支柱一”方案中正式提出了基于“用户参与”（user participation）、“营销型无形资产”（marketing intangibles）和“显著经济存在”（significant economic presence）三个新征税权划分的提案。三项提案都涉及新联结度规则，尝试用简化方法对跨国企业集团的总利润进行分配、授予市场国以新征税权。但分别从不同的角度识别和认定用户参与、数字数据等要素对价值创造所形成的贡献。②

《公众咨询文件》中也提出了全球反税基侵蚀（Global Anti－Base Erosion，GloBE）提案，该提案在充分借鉴美国全球无形资产低税所得（Global Intangible Low－Taxed Income，GILTI）和税基侵蚀与反滥用税（Base Erosion and Anti-abuse Tax，BEAT）的基础上，主要由所得纳入规则（income inclusion rule）、低税支付规则（undertaxed payments rule）、转换规则（switch-over rule）和应予征税规则（subject to tax rule）四个规则构成。

5. 2019 年 10 月，《统一方法支柱一方案：公众咨询文件》③

2019 年 5 月推出的工作计划聚焦于“支柱一”方案的框架完备和

① OECD. Public Consultation Document Secretariat Proposal for a “Unified Approach” under Pillar One［EB/OL］.（2019－10－09）［2022－05－14］. https：//www. oecd. org/tax/beps/public-consultation-document-secretariat-proposal-unified-approach-pillar-one. pdf.

② 姚丽．愿景与现实：OECD 应对经济数字化税收挑战的“统一方法”［J］. 税务研究，2020（06）：70－78.

③ Sebastian Beer，Ruud A. de Mooij，Shafik Hebous，et al. Exploring Residual Profit Allocation［EB/OL］.（2020－02－01）［2022－05－14］. https：//www. researchgate. net/publication/339660266_Exploring_Residual_Profit_Allocation#：～：text＝Schemes%20of%20residual%20profit%20allocation%20%28RPA%29%20tax%20multinationals,%27residual%27%20profit%20across%20countries%20on%20some%20formulaic%20basis.

技术完善。[①] 力图融合2019年2月《公众咨询文件》中关于“支柱一”的三个提案，经合组织2019年10月发布了《统一方法支柱一方案：公开咨询文件》，形成了“支柱一”方案的初步方案。该公开咨询文件从上述三个提案的共同点切入，提出了“支柱一”的“统一方法”（unified approach)，“统一方法”通过新的联结度概念和公式分配法分配征税权，无论是否构成传统税收规则下的实体存在，跨国企业均需按照规定的计算方式将特定的剩余利润重新分配给市场国。这份咨询文件引起了巨大争议，大部分评论者都对“支柱一”持反对或保留意见。[②]

6. 2019年11月，《支柱二公众咨询文件》[③]

2019年5月推出的《工作计划》使“支柱二”的框架逐渐清晰。2019年11月《支柱二公众咨询文件》的推出，进一步明确了方案实施的技术性设计问题。《支柱二公众咨询文件》侧重于从三个方面描述GloBE方案的特定技术组成部分。首先，使用财务账户作为确定GloBE方案下税基的起点，并以此解决不同财务制度导致的差异。其次，跨国企业在确定此类收入的有效（混合）税率时，可在多大程度上合并来自高税地和低税地的收入。最后，利益相关者对排除范围和门槛设定的经验和看法可能被视为GloBE方案的一部分。《支柱二公众咨询文件》提出的方案虽然旨在解决低税管辖区存在造成的税基侵蚀和利润转移问题，但是即使在一国实施尚且存在困难，要推广到国际层面会变得更加复杂。这一方案既要兼顾简化的原则，尽量减少合规遵从和税收征管的成本，降低双重征税的风险，又要考虑不同国家的不同利益，并需要不断完善。[④]

---

① Joachim Englisch, Johannes Becker. International Effective Minimum Taxation The GLOBE Proposal [J]. World Tax Journal, 2020 (74): 101 - 126.

② 姜跃生，姜奕然．过程、要害及对策：对OECD统一方法支柱一方案的分析与透视（上）[J]．国际税收，2020 (12): 26 - 31.

③ Carlos Pérez Gautrin. US Tax Cuts and Jobs Act: Part 1 - Global Intangible Low Taxed Income (GILTI) [J]. Bulletin for International Taxation, 2019 (73): 36 - 48.

④ 何杨，鞠孟原．“全球反税基侵蚀”方案的最新发展和评析 [J]．国际税收，2020 (02): 33 - 37.

7. 2020 年 2 月，《统一方法支柱一框架概述：2020 年 2 月》[①]

由于 2019 年 10 月发布的《统一方法支柱一方案：公众咨询文件》引起了巨大争议，大部分评论者都对“支柱一”持反对或保留意见。2020 年 2 月，经合组织发布了《统一方法支柱一框架概述：2020 年 2 月》（以下简称《框架概述》）。与 2019 年 10 月的《公众咨询文件》相比，该报告的框架结构基本保持稳定，只是在以下几个方面进行了补充和细化：一是新征税权的征收范围更加明确；二是确定了新征税权适用范围，与国别新连接度门槛；三是确定税基以全球合并后的集团财务报表为基础，以税前利润率为指标，按照共识和约定的比例（如税前利润的 10%）来划分集团的常规利润和剩余利润；四是对金额涉及的基本营销和分销活动进行了界定；五是大大拓展了争议预防与解决的内容；六是增加了新的多边公约的内容。[②]

其后，2020 年 3 ~ 4 月，经合组织先后发布《金额 A 的税基确定》《金额 A 消除重复征税》《金额 A 的门槛》《金额 A 的实施》以及《金额 B》等总计 172 页的分类报告，最后总结形成《统一方法支柱一框架概述：2020 年 7 月》并发布。

8. 2020 年 10 月，《应对数字经济的税收挑战——蓝图报告》[③④]

2020 年 10 月，经合组织发布了《应对数字经济的税收挑战——

① OECD Statement by the OECD/G20 Inclusive Framework on BEPS on the Two – Pill ar Approach to Address the Tax Challenges Arising from the Digitalisation of the Economy [EB/OL] (2020 – 02 – 29) [2020 – 10 – 30]. http//hfgga33934447a4644553hbb9ovnfn6p0w w60wb. fhaz. libproxyruceducn/tax/beps/statement-by-theoecd-g20-inclusive-fra meworkon-beps-january-2020. pdf.

② 姜跃生，姜奕然．过程、要害及对策：对 OECD 统一方法支柱一方案的分析与透视（上）[J]．国际税收，2020（12）：26 – 31.

③ OECD. Tax Challenges Arising from Digitalisation – Report on Pillar Two Blueprint：Inclusive Framework on BEPS [EB/OL].（2020 – 10 – 14）[2022 – 05 – 14]. https：//www. oecd. org/tax/beps/tax-challenges-arising-from-digitalisation-report-on-pillar-two-blueprint-abb4c3d1-en. htm.

④ OECD. Tax Challenges Arising from Digitalisation – Report on Pillar One Blueprint：Inclusive Framework on BEPS [R/OL].（2020 – 10 – 12）[2022 – 5 – 14]. http：//hfhxi469009121b7d4defsufq56co9ovku6o5f. fbxx. libproxy. ruc. edu. cn/taxation/tax-challenges-arising-from-digitalisation-report-on-pillar-one-blueprint_e861e553-en.

支柱一蓝图报告》（以下简称《支柱一蓝图报告》）和《应对数字经济的税收挑战——支柱二蓝图报告》（以下简称《支柱二蓝图报告》）。这些报告总体勾勒出目前国际层面就“双支柱”改革达成的共识性进展、方案关键要素设计、政策主要影响（包括税收、投资和经济增长、新冠肺炎疫情等），以及各方在部分理念、制度取向上存在的分歧。①

《支柱一蓝图报告》中提及各界对支柱一尚未达成共识，强调《蓝图报告》只是达成共识的坚实基础，同时调整了框架与篇幅。改变了“框架概述”中三层架构的提法，提出了“支柱一”“十一块基石”的新概念，即金额 A（范围、联结度、收入来源、税基确定、利润分配、避免双重征税）；金额 B（范围、量化）；税收确定性；金额 A 的争议预防与解决、金额 A 之外的争议预防与解决；实施与管理。

《支柱二蓝图报告》中对“支柱二”方案的基本方法、技术参数等进行了详细的说明。然而，该报告看似谋求法律规则的一体公平性，甚至给予弱势来源国以特别的关照；实际上是以法律的形式公平压制实质公平需求，对发展中国家尤其是弱势国家反而是不利的（曹明星，2021）。由于各国持续不断的争议，原计划率先达成共识的“支柱二”方案迟迟无法落地。直至 2021 年 6 月，七国集团（G7）打破这一僵局，就 15% 的全球最低税达成一致意见，从根本上推动了“支柱二”全球共识的达成。②

9. 2021 年 7 月，《应对经济数字化税收挑战的双支柱解决方案的声明》（简称“7 月声明”）

2021 年 7 月 1 日，BEPS 包容性框架下的 130 个成员就“双支柱”方案达成初步共识，并发布该声明。该声明阐述了对全球税收

---

① OECD. Tax Challenges Arising from Digitalisation – Report on Pillar Two Blueprint［EB/OL］.（2020 – 10 – 14）［2022 – 03 – 02］. https：//www. oecd. org/tax/beps/tax-challenges-arising-from-digitalisation-report-on-pillar-two-blueprint-abb4c3d1-en. htm.

② 崔晓静，刘渊. OECD 支柱二方案：挑战与应对［J］. 国际税收，2021（9）：51 – 64.

改革的高层政治共识，内容包括“支柱一”（向市场国重新分配一部分特定企业的全球剩余利润）和“支柱二”（设定不低于15%的全球最低有效税率等）。130个国家和地区宣称支持“双支柱”改革，后续细节在2021年10月敲定，并于2023年落地。

G7成员已对“支柱一”中的金额A达成一致，即金额A应适用于“最大和利润最多的跨国企业”，以此替代2020年版“支柱一”原仅将“自动化数字服务”和“面向消费者的业务”纳入金额A范围。然而“支柱一”的初衷是解决数字经济征税权分配问题，从《公众咨询文件》到《蓝图报告》，“支柱一”金额A范围内的企业也始终以是否从事数字业务（digital business）为标准，如今，适用范围删除了营业活动门槛，脱离了设计方案的初衷。①

“7月声明”将GloBE范围内企业扩展至两种情形：（1）上一财政年度合并收入达到7.5亿欧元的跨国企业集团；（2）跨国企业集团总部所在辖区可不受收入门槛限制，自主决定是否对该集团适用IIR。在排除范围上，进一步排除国际船舶运输企业。GloBE范围内企业的扩围将直接影响中小型跨国企业能否享受其居民国国内税收优惠。采取何种税制本是各国主权自主决定的事项，“支柱二”全球最低税的设计就是在各国税收主权与结束公司税有害竞争之间寻求平衡。一个宽口径的“支柱二”可能打破平衡，构成对税收主权的僭越，从而违背解决BEPS遗留问题的初衷。

10. 2021年10月《关于应对经济数字化税收挑战“双支柱”方案的声明》（以下简称“10月声明”）

2021年10月8日，BEPS包容性框架下140个成员中的136个国家（地区）就国际税收新框架的关键要素达成了共识，并发布“10月声明”。“10月声明”是对“7月声明”的更新与完善，在对“双支柱”改革方案关键要素的描述上与“7月声明”的措辞一

① 朱晓丹，曹港珊．论《双支柱框架协议》立法目的之变动与影响［J］．国际税收，2021（09）：43－50.

脉相承，但对一些关键参数作了进一步补充调整，并对某些细节予以明确。同时，“10月声明”附录中的详细实施计划列出了确定具体规则的关键时间节点以及实施/批准立法及条约、规则生效的时间安排。如表4-1所示。

表4-1　“双支柱”改革方案各项工作推进时间

步骤	时间节点	实施计划
1	2021年11月底前	完成GloBE立法模板和注释以及STTR协定范本条款和注释文本
2	2022年年初	完成涵盖金额A规则的MLC（多边公约）和解释性说明以及国内立法模板和相关注释文本
3	2022年年中	举行MLC签署仪式，完成STTR多边工具（MLI）的开发
4	2022年年底前（最迟）	开发GloBE规则的实施框架（可能包括GloBE多边公约）
5	2022年年底前	发布金额B相关交付成果

注：步骤1在具体执行上略有推迟，GloBE规则注释已被推迟到2022年年初发布，而STTR协定范本条款和注释文本截至2022年4月尚未发布。

资料来源：康拉德·特雷，池澄，王俪儿. BEPS 2.0时代来临：“双支柱”方案对五大关键领域的深远影响［J］. 国际税收，2022（02）：13-23.

截至2021年11月，非洲国家毛里塔尼亚加入包容性框架，成为第141个成员，并对“双支柱”方案表示认同，使参与包容性框架协议的成员总数达到137个，“双支柱”方案的国际影响力正在逐渐提升。至此，大部分文献认为国际税收制度即将迎来根本性变革。如励贺林等（2022）认为这标志着1923年至今已运行近百年的国际税收体系迈出实质性改革步伐。① 韩霖（2022）认为，“10月声明”意味着国际税收制度百年来最大变革的“双支柱”方案开始由政治谈

① 励贺林，于红，姚丽. 支柱二全球最低税的规则竞争性认识［J］. 税务研究，2022（03）：73-78.

判逐步转入落地实施阶段，对于建立公平合理的国际经济秩序具有十分重要的现实影响和深远的历史意义。① 但也有部分文献，如李金燕等（2022）认为“双支柱”共识是一种政治共识，很大程度上可能只是象征性的。两大支柱都未真正关乎数字经济，其中“支柱一”涉及较少且孤立无援，“支柱二”对全球最低税的约定对传统国际税收制度漏洞百出的现状仍然未造成影响。②

二、“双支柱”方案主要内容

（一）“支柱一”方案的主要内容

“支柱一”主要侧重于解决新征税权与利润的重新分配问题，旨在通过向市场国分配更多的征税权和可征税利润，以平衡数字经济背景下的国际税收权益分配格局（杜涛，2021）。“支柱一”以用户参与、营销无形资产和显著经济存在三项提案为基础，提出了新联结度规则、新征税权和新的利润分配规则。从目前的整体框架来看，“支柱一”主要由三个模块构成，主要包括了金额 A、金额 B 以及税收确定性。

1. 整体框架

“支柱一”方案的提出旨在通过考虑新的业务模式来扩大市场管辖区（对于某些业务模式，是指用户所在的管辖区）的征税权。③ 其

---

① 韩霖，高阳，邓汝宇．数字经济国际税改“双支柱”方案的历史意义与现实应对——专访中国国际税收研究会会长张志勇及国家税务总局国际税务司司长蒙玉英［J］．国际税收，2022（02）：3－8.

② 李金艳，陈新．关于双支柱方案的全球税收共识：真相探究和法律现实［J］．国际税收，2022（03）：12－23.

③ OECD. Statement by the OECD/G20 Inclusive Framework on BEPS on the Two－Pillar Approach to Address the Tax Challenges Arising from the Digitalisation of the Economy［EB/OL］. OECD.（2020－01－31）［2022－3－2］. https：//www. oecd. org/tax/beps/statement-by-the-oecd-g20-inclusive-framework-on-beps-january-2020. pdf.

关键特征是改变了现有的国际税收规则和利润分配规则，其中利润分配规则主要包括金额 A、金额 B、税收确定性三个部分。

金额 A 主要是通过使用公式法将跨国公司集团（或业务线）层面的剩余利润分配给市场管辖区，反映了跨国企业的利润与市场管辖区经济具有积极和持续的相关性。不仅如此，金额 A 作为利润分配框架的主体内容，其实质是赋予市场国一个新的征税权。

金额 B 基于独立交易原则（ALP）的固定报酬，主要针对跨国企业集团在市场管辖区内进行的既定基线业务分销和营销等活动，若是这种营销或分销活动低于某个基准，市场管辖区可直接取得一个固定金额的税收，这种合理的固定报酬可以帮纳税人和税务局提高税收确定性，并减轻征纳双方的成本以及减少各国对现行转让定价规则的不满（樊轶侠、王卿，2020）。

税收确定性的提出主要是为了解决市场管辖区与纳税人之间就提案中有所争议的内容部分，它的建立提供了一个有效争议预防和解决机制（张泽平、戴婧，2021）。

总之，金额 A 作为“支柱一”中利润分配框架的核心内容，其目的是构建一个新的跨国企业经营利润征税权的划分；金额 B 作为对现有国际税制的延伸，主要是用一个相对简便的固定报酬来替代传统的转让定价规则；[①] 税收确定性的构建是对涉及税收争端的解决机制，并被视为就“支柱一”达成全面共识的一个关键因素。

2. 金额 A 的规则设计

（1）金额 A 的适用范围。金额 A 适用范围内的公司具体是指全球营业额在 200 亿欧元以上，且盈利能力在 10% 以上（即税前利润/收入）的跨国企业。相较于之前的《蓝图报告》而言，2021 年“10 月声明”扩大了金额 A 的适用范围，即不再区分“自动数字服务”企业（automated digital services）和“面向消费者企业”（consumer-

① 朱青，杨宁．关于 OECD 应对经济数字化国际税收改革方案的评论［J］．国际税收，2020（08）：3－7.

facing businesses），而是提高了收入门槛和利润率门槛，这对大部分的跨国企业而言减少了其合规负担。根据目前的门槛计算，范围内的跨国企业数量大约为100家，包括的行业也由过去面对消费者的B2C模式扩大为不分行业的B2B模式、B2C模式，采掘业和监管金融服务仍不适用金额A的规则（姜跃生，2021）。此外，在协议生效七年后将对金额A是否顺利实施进行审议，并在一年内完成。如果金额A规则（包括金额A税收确定程序）实施顺利，营业额门槛将降低到100亿欧元。

（2）新联结度规则。“支柱一”方案提出的新联结度规则，旨在解决经济数字化背景下企业商业模式变化对税收征管带来的影响，使得市场国的征税权不再局限于物理存在，有效阻止了企业通过变更常设机构进行避税的漏洞。

新联结度规则主要是针对适用范围内的跨国公司，确定某一司法管辖区是否有资格分配金额A。若范围内的跨国公司在市场管辖范围内的经济活动被判定为具有持续和重大参与的情况，即使企业在该市场管辖区没有设立实体机构、场所，也被认为与市场管辖区建立了新的联结度。OECD规定当企业从该市场管辖区获得超过100万欧元收入时，根据新联结度规则允许将金额A分配给该市场管辖区。而对于国内生产总值低于400亿欧元的较小地区，新联结度规则的适用标准将设定为25万欧元。其中，将超过收入10%的部分利润定义为剩余利润，并且对于适用范围内的跨国企业，将按照剩余利润25%的比例分配给市场辖区，并以收入为分配因子。

（3）利润分配规则。关于金额A的利润分配计算，《统一方法支柱一方案：公众咨询文件2019.10》将其分为以下三个步骤。首先，假设跨国集团企业的利润与收入之比（即利润率）为z%。其次，将该利润率中的一部分视为常规利润率，目前OECD将该常规利润率部分设定为10%，那么在计算重新分配给市场管辖区的利润时，只有超额部分（y% = z%减10%）将作为跨国集团企业的剩余利润。最后，将剩余利润的25%作为可分配税基，分配给构成联结度的市场辖区。[1] 为了进一步确定金额 A 中利润分配的具体细节，近期，OECD 发布了《支柱一金额 A 下的税基确定立法模板（草案）》，以期通过多方意见来解决金额 A 中存在的税基确认、会税差异调整以及亏损弥补等方面的问题。

（4）避免双重征税。国际双重征税是指两个或两个以上的国家，在同一时期内，对同一纳税人或不同纳税人的同一课税对象征收相同或类似的税收。[2] 各国税收管辖权的冲突是导致双重征税的基本原因。而在现行的国际税收规则下，跨国企业集团主要采用的是独立交易原则（ALP）的利润分配方式，如果其全部利润已经纳税，此时按照金额 A 的方法对剩余利润进行重新分配，也就是在现有的分配规则上进行叠加，这必然会导致重复征税的问题。因此，提出适当的解决机制对消除双重征税至关重要。目前来看，消除双重征税的主要方法为抵免法与免税法。除此之外，为了解决该问题，“支柱一”还提供了营销和分销利润安全港机制，但目前有关安全港的具体细节还在进一步研究中。

3. 金额 B

金额 B 具体是指在市场管辖范围内进行的基本营销和分销职能的固定报酬，金额 B 的这种固定报酬的设计，不仅可以减少双重征税的风险，还可以降低由严格执行转让定价规则而导致的巨大遵从成本，提高税收确定性，从而减少税务机关与纳税人之间的争议，进而实现征纳双方共赢的局面，有助于构建促进贸易和投资的环境（帕斯卡·圣塔曼，2020）。金额 B 的作用主要体现在三个方面：一是维护了跨国公司远程营销不征税的既得利益格局；二是促使跨国企业的管理由分散化逐步向集中化转变，从而将市场国中有限风险的分销商转变为无风险、无实体并且只适用金额 A 的销售模式；三是金额 B 的确定有助于税收确定性中有约束力的争议预防和争议解决机制的建

① OECD. Secretariat Proposal for a “Unified Approach” under Pillar One [EB/OL]. OECD. (2019-10-09) [2022-3-2]. https://www.oecd.org/tax/beps/public-consultation-document-secretariat-proposal-unified-approach-pillar-one.pdf.

② 朱青. 国际税收 [M]. 北京：中国人民大学出版社，2021.

立（姜跃生、姜奕然，2021）。

4. 税收确定性

税收确定性作为“支柱一”的基本要素之一，其主要目的是强化为企业提供税收确定性的意图，弱化分配利润的想法，从而使得各国更容易接受这个概念。税收确定性主要分为两个部分，一方面是金额 A 的争议预防和解决，另一方面是金额 A 以外的争议预防和解决。

2021 年 10 月《关于应对经济数字化税收挑战“双支柱”方案的声明》中补充了税收确定性的具体细节，在之前提出的“具有推迟 BEPS 第十四项行动计划同行审议且相互协商程序（MAP）争议案件数量为零或者较少的发展中国家，可选择适用有约束力争议解决机制，但仅限于与金额 A 有关事项的争议”基础上，G20/OECD 包容性框架召开第十三次全体成员大会补充：相关辖区选择适用机制的资格，将被定期审议；相关辖区一旦被审议认定为丧失资格，在后续年度将无法恢复。①

5. 国际税收争端解决

为了解决传统税收规则中的缺陷，增强税收确定性，减少“支柱一”方案中可能存在的争议，OECD 提出了争议预防与解决机制。现行的国际税收争端解决机制主要包括相互协商程序（MAP）、税收仲裁程序以及预约定价安排（APA）三种方法。该机制是在继承原有国际税收争议解决机制上进一步创新了争议预防机制，更加的适应数字经济背景下的现代化税收规则。但是“支柱一”方案实施过程的艰巨性与金额 A 机制产生的颠覆性，可能会使得多边性质背景下的预防机制面临着更加难以解决的问题（张泽平、戴婧，2021）。

（二）“支柱二”方案的主要内容

1. “支柱二”的整体框架

与“支柱一”侧重于创建新的联结度规则以重新划分全球范围

① 国家税务总局国际税务司专项研究小组．数字经济税收“双支柱”问题解答［N］．中国税务报，2021 -12 -01（05）.

内的征税权不同，“支柱二”的重点在于解决 BEPS 包容性框架一直未能解决的税基侵蚀与利润转移问题。当一国（地区）没有充分行使其征税权（制定了过低的税制优惠）时，就应由有权国家实施征税，从而构成“支柱一”的后盾（薛皓天，2021）。

“支柱二”以两大类三条规则为主线，第一类是通过各国税收国内法落实的围绕全球反税基侵蚀规则（Global Anti - Base Erosion, GloBE）设置的收入纳入规则（IIR）与低税支付规则（UTPR），赋予跨国企业集团母公司所在国、市场国征税权来将该部分所得补充征税至全球最低有效税率 15%。第二类是基于税收协定设置的补充征税规则（STTR），如果某关联企业收取的利息、特许权使用费和其他特殊款项在居民国适用的名义税率低于 STTR 规则商定的最低税率（9%），收入来源国将对上述款项补充征税至 STTR 规定的最低税率水平。

2. 所得纳入规则（IIR）

所得纳入规则（IIR）针对居住国未充分征税问题设置，具体是指：如果跨国公司集团中的组成实体在集团母公司所在管辖地以外的其他管辖地的利润所适用的有效税率低于“最低税率”15%，那么集团母公司需在其所在居住国缴纳“补充税”以使得其他管辖地的利润适用的有效税率达到“最低税率”15%。所得纳入规则采用自上而下的方法分配补足税，但在控股比例未达 80% 的情况下，适用分散控股规则（崔晓静、刘渊，2021）。

3. 低税支付规则（UTPR）

UTPR 具体是指：当跨国公司的境外组成实体向其关联方母公司汇款，但关联方取得款项在居住国未足额缴纳最低税额或其有效税率低于“最低税率”15% 时，收入来源国可以对该笔款项进行源泉扣缴（如预提所得税），或不允许付款人就该笔款项进行税前扣除。其针对来源国税基侵蚀问题设置，作为对征税不足支付规则（IIR）的补充。

4. 应予征税规则（STTR）

应予征税规则规定：对于关联方之间跨境支付利息、特许权使用费和其他指定付款（如保险费、营销采购费等），来源国有权按照STTR规定的最低税率征收预提所得税（刘丽、陈高桦，2020）。即假如上述几类所得在关联方收款人的居住国适用的名义税率低于STTR规定的最低税率，那么该所得来源国将被允许对特定款项补充征税至STTR规定的最低税率水平9%，且该部分收入禁止享受税收协定待遇。

应予征税规则是基于双边税收协定制定的规则，并且给予发展中国家优先向对利息、特许权使用费和其他明确定义的一系列费用征税的权限，其适用先于IIR，但是权限相对有限，仅仅限制于全球最低有效税率15%与应予支付规则相关费用适用税率9%之间的差额部分，标准远低于GloBE规定的所得税率15%。

根据“支柱二”的设计，IIR为首先使用的规则，假如集团母公司所在国未通过“双支柱”方案，或立法通过“双支柱”方案但选择不实施IIR，或者在集团母公司所在国补征税款后仍未达到GloBE规定的15%最低税率，那么此时允许收入来源国根据UTPR对此部分所得进行补征税款至最低税率。STTR则是针对在居民国未充分征税的低税所得给予来源国直接征收预提税或禁止其享受税收协定待遇。该规则的具体应用将对总部在海外并在来源国经营业务的跨国企业产生显著影响，可能削弱甚至完全抵消跨国企业在各国享受税收优惠后取得的实际好处（刘丽、陈高桦，2020）。对于一些科技企业、银行、制药等企业而言，通过关联公司使用转让定价、支付特许权使用费等方式向税收洼地转移利润的方式减少在来源国的应税所得侵蚀其税基的可能将明显降低，但相应地，一些发展中国家给予跨国集团公司的税收优惠待遇将显著减少甚至消失，UTPR和STTR的实施将会对其产生显著影响，集团所面临的有效税率以及整体税负将上升。

5. GloBE规则的适用范围

与“支柱一”仅仅针对面向消费者的企业和高度数字化企业不同，GloBE规则将适用于符合BEPS第13项行动计划确定的以集团为单位的算的年收入达到7.5亿欧元门槛的跨国公司。各国可以对总部设在本国的跨国公司自由适用IIR规则，即使它们没有达到门槛。根据OECD最新发布的“支柱二”相关文件，作为跨国公司集团最终母公司（UPE）的政府实体、国际组织、非营利组织、养老基金或投资基金以及符合税收中性规则的实体，或此类实体、组织或基金旗下的任何控股子公司，均不受GloBE规则的约束。同时，UTPR的适用给予了处于初创期的跨国集团公司一定的豁免，允许在海外拥有不超过5 000万欧元有形资产且在不超过5个其他司法管辖区运营的跨国公司不受UTPR的限制。

6. 有效税率的计算

有效税率（ETR）分别按照不同管辖区计算测试征收补足税。其计算主要包括税基与涵盖税额的确定，采用符合共同定义的有效税额和按照财务会计利润确定的税基（经符合“支柱二”政策目标且具共识的有限调整，并对时间性差异进行处理），最终有效税率等于涵盖税额除以税基。对于现行分配利润税制度，如果利润在4年内分配，且以不低于最低税率标准的税率纳税，则无须对相关利润补充征税。

（1）计算有效税率的涵盖税额。涵盖税额是包括所得税、代替普遍适用的所得税的税收、对于分配利润征税、对留存收益、股东权益（企业产权）征收的税额和适用CFC（受控外国公司）规则的公司在母公司所在地缴纳的税款。对所得征税（taxes on income）指对于各个管辖区政府对于集团公司收入或利润征收的税额。但是涵盖税额不包括销售税（增值税）、消费税、数字服务税、印花税和其他流转税、个人工资税和社会保障税以及财产税。

（2）税基的确定。在最新发布的“双支柱”报告中，有效税率的税基以每个集团公司的所得税前会计利润（亏损）为基础，并且这些数据可以用于在“双支柱”实施方案中批准的会计准则下制作集团母公司的合并财务报表。但是具体细节尚未公布，根据2020年10月的“支柱二”蓝图报告内容显示，最终计算时将对会计利润做一定调整，对于股息、处置股份产生的损益和股权激励形式产生的薪酬费用等永久性差异也将做出调整。

（3）被排除的所得。在最新发布的声明中，“支柱二”排除了部分所得。一是公式化的经济实质因素排除，声明中指出排除占有形资产和工资账面价值5%的收入。同时规定10年的过渡期，在10年的过渡期内，排除的收入金额将为占有形资产账面价值的8%和工资总额的10%，前五年每年下降0.2%。最后五年，每年排除的所得占有形资产价值下降0.4%，工资总额每年下降0.8%。二是对于在某个税收管辖区内收入低于1 000万欧元、利润低于100万欧元的跨国公司分支机构。三是按照经合组织范本排除了国际船舶运输业务所得。

三、主要经济体和国家应对经济数字化的税收政策方案及对策

（一）各国单边数字税收动态

根据各国对数字服务税的立场差异（见表4－2），可以将其分为三个阵营（值得注意的是，这个阵营并非固定不变的）。

一些国家支持并积极推进数字税的征收，表示开征数字税对内是为了保护本土数字化产业的发展，扩大财政收入，缓解财政收支压力；对外是为了加强对推动国际社会尽快就解决数字经济背景下价值创造地和利润征税地错配问题达成共识，加强跨国数字产业的纳税监管，为传统企业与数字经济企业创造公平一致的税收环境，打击恶意税收筹划。

表 4-2　各国对数字服务税的立场

态度	代表国家	目前进度
支持	法国、英国、意大利、西班牙、奥地利、土耳其	成功立法
	巴西、捷克、比利时	立法阶段
	加拿大、新西兰、以色列、拉脱维亚、斯洛伐克、斯洛文尼亚、丹麦、挪威	声明引入
反对	美国、德国、瑞典、爱尔兰、卢森堡、芬兰、马耳他、荷兰	
中立	绝大部分发展中国家	

资料来源：王克智．数字服务税立场和税制的国际比较与应对［J］．税务研究，2021（09）：77－83.

当然也有部分企业反对数字税的征收。这些国家可以进一步分为三种类型：一是数字企业居民国，或数字服务提供国，主要为美国。美国由于存在谷歌、亚马逊、Facebook 和苹果等大量高度数字化企业，一直反对数字服务税的征收。二是低税率国，包括爱尔兰、荷兰、卢森堡和马耳他等低税率国，反对原因主要是数字服务税将严重损害低税率国吸引外资的优势。三是提倡国际多边协商，反对单边措施，主要包括德国瑞典和芬兰等。反对原因主要有三点：其一，担心影响和美国的经贸关系，对本国经济造成不利影响；其二，数字服务税可能会推动征税权更多被赋予市场所在国；其三，数字服务税税收收入有限（王克智，2021）。

此外，还有大部分发展中国家，由于数字经济规模较小、征管水平比较落后和数字服务税的自身缺陷对数字服务税采取中立态度。

几个典型国家的单边数字税收方案，反映了数字服务税的基本概况。

1. 法国

2018 年 11 月爆发的“黄背心”运动是法国政府决定开征数字税的重要诱因。“黄背心”运动之后，法国政府出于民众压力改革税制，最终使得法国财政赤字超过了欧盟设定的 3% 上限。出于债务压力，为了增加财政收入，法国政府试图通过立法的方式对大型跨国互联网企业征收数字服务税（付美华，2021）。

法国国民议会于 2019 年 4 月通过了《数字服务税法案》，根据这一法案，自 2020 年开始针对特定的数字产品或服务征收数字服务税，并且对大型网络科技企业征税的基础将不再是总部所在地，而是按照企业所在地的营业额。目标为全世界范围内营业额超过 7.5 亿欧元，且其中 2 500 万欧元的营业额来自法国境内用户的大型企业。该数字服务税对数字接口服务、定向在线广告以及为广告宣传收集的用户数据销售产生的总收入征收 3% 的税（张春燕，2020）。同年 7 月 24 日，法国总统正式签署通过该法案，成为第一个确定开征数字税的欧盟国家。

2. 英国

2019 年 7 月英国海关与税务总署（以下简称 HMRC）公布《数字服务税》立法草案相关文件，2020 年 4 月 1 日英国《数字服务税》（以下简称 DST）正式生效。

根据不同价值创造方式，DST 规定征税业务活动包括社交媒体平台、搜索引擎、在线市场三类业务（邵军、杨丹辉，2021）。

征税方案对纳税人设置了必须同时满足的双起征点：全球征税业务活动年度收入总额超过 5 亿英镑，且英国用户参与的征税业务活动年度收入总额超过 2 500 万英镑。方案设置比例税率 2%，计算方式以征税业务活动收入为税基，可以抵扣免征额 2500 万英镑。如甲集团提供社交媒体数字服务，在 2022 年 12 月 31 日前的 12 个月内，全球收入达到 5.1 亿英镑，其中 1.25 亿英镑来自英国用户，满足双起征点要求，应纳 DST 按 1 亿（1.25 亿减去 0.25 亿）英镑的 2% 计算。集团公司涉及以上两项涉税业务，如开展社交媒体的同时在线售卖商品，需要纳税人根据业务情况在社交媒体及在线市场两种业务间合理分配免征额 2 500 万英镑，分配标准根据建议方案（如按照收入比例）由企业自行选择（王宁，2021）。

3. 印度

2016年，囿于数字经济背景下直接税的征税困境，印度政府结合2015年OECD/G20 BEPS项目行动1报告5中建议的方法，首先在全球范围内开征均衡税，由此开启了对数字服务课税的探索历程。2016年6月1日，均衡税在印度首次生效，但伴随着印度不断涌现出Flipkart、OLA等优秀的本土数字企业，但其国内市场依旧由诸如Amazon、Google等国外数字巨头占领较大空间，为了减少跨国数字税收企业的税基侵蚀，营造国内外数字企业的公平税收环境，同时也为了政府可以获得更多的财政收益，印度2020年进一步扩大了均衡税的征收范围，出台了2020年版印度均衡税。

2020年的均衡税纳税主体包括：对三类付款方（印度居民、特定情况下的非居民、适用印度IP地址购买商品或服务的付款方）提供特定数字活动的非居民电子商务运营商。税务部门对涵盖B2B、B2C业务在内，特定数字业务收入一年合计超过2 000万卢比的企业征收2%的税收，特定的数字业务不仅包括2016年版的在线广告及其配套服务，还包括在线销售电子商务运营商拥有或促进的商品、劳务提供（方铸等，2021）。

4. 美国

2017年12月，美国国会颁布了《减税与就业法案》（TCJA），在降低企业所得税、个人所得税税率，征税原则由“属人原则”转变为“属地原则”的同时，还引入了一些复杂的、难以理解的国际税收条款，如提出对全球无形低税后所得（GILTI）、境外无形收入（FDII）征税以及课征税基侵蚀与反滥用税（BEAT）等。

此后，特朗普团队进一步加剧了紧张局势，开始对包括法国、意大利和英国在内的实施或计划实施数字服务税的国家进行贸易调查，并推动了一项“安全港”提案，允许科技公司选择不参加任何国际税收公约。

但是现在，美国拜登政府放弃了特朗普的安全港，推迟或结束了许多税务贸易调查，并成功地重新加入了经合组织谈判，提出了第一支柱的改良方案，将重点集中在全球最盈利的公司（预计约有 100 家）上，而不是试图对付数百个司法管辖区的数千家公司。美国进一步寻求将经合组织的最低税率定为 15%，同时在国内提议要求提高美国公司税率。在国内，美国政府希望进一步确保企业履行“停止有害公司倒置和终止低税发展规则”（SHIELD）下的税收义务，这将要求公司按国别支付其国际税费与美国最低税费之间的差额。这将使得大公司更难避税（Rebecca Christie，2021）。

（二）区域性数字税收征收主张

1. 欧盟主张

数字经济的“税收战”主要是在欧美之间打响的，然而在经济数字化的今天，欧洲远远地落在了后面。据《福布斯》杂志排名的 2019 年世界上最大的 15 个数字化企业中，没有一家是欧洲企业。在经济数字化的大浪潮中，欧洲的落后不仅体现在经济方面，而且更重要的是，传统的机构、场所（有协定采用常设机构）规则并不适配于数字经济企业的跨国税收征收，其税收权益也遭到了冲击。欧盟委员会（European Commission）最终在 2018 年 3 月 21 日向欧洲议会和欧洲理事会提交了两份在盟国家内部对数字经营活动征税的提案，其目的是“为数字经济设立一个现代、公平和有效的税收标准”。

第一个提案为《关于颁布对重要数字存在课征公司税规则的理事会指令的提案》，提案要求欧盟成员国对数字化企业征收公司所得税（简称为数字利润税），征收的前提是企业在成员国是否有“重要数字存在”（significant digital presence），而不论其在成员国是否有常设机构。而“重要数字存在”的标准取决于以下因素之一：（1）企业在一年当中在成员国提供数字服务取得的营业收入是否超过 700 万欧元；（2）企业在一年当中在成员国的用户是否达到 10 万个；（3）企业数字服务的经营合同数是否达到了 3 000 个。

与此同时，欧盟委员会还提出了另一个提案作为最终解决该问题的过渡性方案，即《对提供某些数字服务的营业收入课征数字服务税共同制度的理事会指令的提案》，其适用范围包括：（1）在数字界面上投放针对该界面用户的广告服务以及传输在该数字界面活动的用户产生的信息的服务；（2）向用户提供多个数字接口的服务，也可称为“中介服务”，这种数字化中介服务使用户同其他用户进行交互，并促进他们在彼此之间销售商品或服务。欧盟委员会数字服务税的征税门槛要求被征税企业同时满足以下两个条件：上一财年全球营业收入超过7.5亿欧元；来自征税成员国的应税营业收入超过5 000万欧元。

但方案并未获得较多赞成。美国、甚至欧盟内部的丹麦、瑞典、芬兰等国都提出了强烈反对。实际上，欧盟议会也承认，2018年欧盟委员会提出的两个提案以及法国等欧盟立法开征的数字服务税都可以被看作“确保OECD多边谈判进程所施加的国际压力的一部分”。在声明出台之后，国际社会达成一致的背景下，欧盟已经表示期待包容性框架“双支柱”方案的具体实施，但在2023年如果未能如期实施，仍会考虑出台欧盟的数字服务税。

2. 联合国主张

联合国发布的2017年版的《联合国关于发达国家与发展中国家间避免双重征税的协定范本》新增了第12A条款，允许来源国通过预提税的形式对数字服务进行征税。

此后，国际税务合作专家委员会（以下简称“联合国税务委员会”）于2020年10月提出一项基于双边模式的解决方案，在《联合国发达国家与发展中国家间避免双重征税协定范本》（以下简称《联合国协定范本》）2021年更新版本中增加第12B条款，其主要包括：赋予来源国额外的征税权、预提税的可替代选择（年度净利润法）、适用范围仅限于自动化数字服务（ADS）和不影响常设机构条款效力等。

（1）赋予来源国额外的征税权。12B条款第2段规定赋予缔约一国（来源国）以额外的征税权，允许缔约一国对向缔约另一国的付款征收预提所得税（Withholding Tax，以下简称“预提税”），该付款是产生自缔约一国的自动化数字服务（Automated Digital Services，ADS）所得，征收率不应超过缔约国双方在协定中设定的比例。12B条款注释提出这个比例应当轻重适度，建议设定为3%或4%。该条款依托付款环节设计预提税，意在确保额外赋予的征税权一定可以“有税可征”，并且没有为付款金额设定阈值门槛，即只要发生符合条件的境外付款就可以行使征税权，获得预提税收入。这体现了联合国税务委员会寻求简化方法和程序，为纳税人减轻纳税遵从负担、为主管税务机关减轻征管成本的意图。

但这仅能解决ADS征税权的部分分配难题。确切而言，12B条款将额外征税权赋予的应是ADS所得的支付国，但是某些没有付款环节的免费自动化数字服务，用户参与确实创造了价值，所创造的价值可能在商业模式的其他环节得到价值实现，因为没有付款，12B条款则无法适用。

（2）预提税的可替代选择：年度净利润法。12B条款在赋予来源国额外征税权的同时，也赋予纳税人在缴税方式上的选择空间。12B条款第3段规定，如果ADS所得产生于缔约一国，该所得的受益所有人为缔约另一国税收居民，那么该受益所有人可以要求缔约一国采用年度净利润法计算税基，以缔约另一国国内税法规定的适用税率确认应纳税金额。如果纳税人选择年度净利润法，则12B条款第2段规定的预提税规则将不再适用。年度净利润法的税基被12B条款定义为“合格利润”（qualified profit）。①

12B条款对“合格利润”的确定限于协定缔约国双边范围内就纳税人实体利润水平的划分，在规则执行层面可操作性更强，可以帮助纳税人平衡两种纳税方式的税收负担，以更有利于自己的方式完成纳税义务。究竟如何选择，纳税人需要根据自身利润水平和适用的双边协定条款综合判断确定。但同时这也预设了各来源国相同的利润率，

---

① 注：合格利润=30%×受益所有人ADS利润率×来源于缔约一国ADS的年营业收入总额。

并不合理，且给了跨国企业避税空间。

（3）适用范围仅限于自动化数字服务（ADS），不影响常设机构条款效力。12B 条款仅适用于自动化数字服务（ADS）。12B 条款对 ADS 的定义是，通过互联网或其他电子网络提供、需要服务提供方最低限度人为参与的任何服务。该条款采用正面清单的方式，列举出符合适用范围的 ADS 各项业务活动；采用负面清单的方式，列举出不符合适用范围的各项业务活动；最后采用“兜底条款”对 ADS 给出通用性的定义，强调 ADS 具有“通过互联网或电子网络提供”和“最低限度人为参与”两大特征，没有被两个清单明确界定的创新业务活动将依赖通用性定义予以鉴别判断，以确定是否属于 ADS 业务活动。另外，如果 ADS 所得付款符合第 12 条或 12A 条款对特许权使用费（royalties）或技术服务费（fees for technical services）的规定，则适用于相关条款的规定，12B 条款不再适用。

仅仅针对 ADS 的适用范围说明 12B 条款意在尝试性解决部分问题，而不是打破传统国际税收规则的基本概念和框架，但这仍然解决了部分经济数字化商业模式下的分配问题。

四、“双支柱”方案中的税收争议与难点

（一）各国对“双支柱”方案的不同看法

“双支柱”方案在多国博弈中形成，至今在各国间也一直存在较大分歧。方案本身的规则设计将导致部分国家获益、同时会损害一部分国家的税收利益，如果无法妥善弥合各国在税收利益上的分歧，“双支柱”方案也就难以顺利推行。

“双支柱”方案的反对者主要集中于发展中国家。BEPS 包容性框架下 141 个成员国中仅尼日利亚、肯尼亚、巴基斯坦以及斯里兰卡四国尚未同意“双支柱”方案，其中，大多是因为新冠肺炎疫情带

来的政府财政压力骤增。根据肯尼亚政府公布的数据，仅 2020 年下半年肯尼亚为偿还债务就消耗了 61% 的税收收入，而加入“双支柱”方案就需要放弃征收数字服务税的前提，使得肯尼亚在短期内无法获得足够的财政收入来弥补本国的财政赤字。因此，肯尼亚政府至今未同意“双支柱”方案，并在《2022 年财政法案》中提出将 DST 的税率从 1.5% 提高到 3%；[①] 而对尼日利亚来说，不同意“双支柱”方案主要有以下几点原因。首先，尼日利亚认为 OECD 提出的“双支柱”方案对于发展中国家的经济影响评估是不可靠的。其次，争议预防与解决机制也并未能很好地解决该国所担心的税收主权问题。最后，尽管包容性框架并未排斥成员的加入，但在“双支柱”方案实质内容的谈判过程是在 G7 和 G20 成员内部进行的，这使得很多发展中国家并未平等地参与，这种不平等的对待以及谈判缺乏透明度等问题也是该国不加入“双支柱”方案的原因之一。除此之外，全球最低税率的实施，也是这四个发展中国家不支持“双支柱”方案的主要原因之一。一方面，发展中国家的征管能力普遍较低，面对“双支柱”方案对征管能力的高要求与随之而来的高昂征管成本，上述国家未必能真正受益。另一方面，如果强行拉平世界各国的最低税率，会降低发展中国家通过低税负吸引外资的国际竞争力，进而挤压本国税收收入（丁一凡，2021）。

“双支柱”方案的支持者，主要集中在一些发达国家，例如美国以及欧洲各国中。其中，英国作为税源流失的重灾区，是“支柱二”中对跨国企业征收至少 15% 的全球最低税率的有力支持者。一方面，通过该方案可以有效地打击“避税天堂”的存在，对于跨国公司母公司所在地十分集中的英国来说，“支柱二”能够有效遏制税收逐底竞争带来的税收收入流失和税基侵蚀，从而保证本国的税收利益。另一方面，“支柱二”大大加强了英国对于税收主权的保护，使跨境利润分配趋向于更加公平，有效维护了本国的税源；美国也是该方案的

① 资料来源：http：//www. cntransferpricing. com/index. php/guojifanbishui/1300. html.

赞成者之一，美国拥有的数字企业在数量与规模上远超他国，这也导致了“双支柱”方案对其影响最大。为了减少“双支柱”给美国的数字企业发展带来的不利影响，拜登政府上台后改变了美国政府对“双支柱”方案的态度，试图通过向“支柱一”方案妥协从而达到遏制各国单边措施实行的目的，以缓解数字服务税所造成的国际贸易争端，但接受“支柱一”方案的前提是扩大适用范围，同时提高阈值门槛，这将大大减小“支柱一”方案对于美国数字经济企业的威胁。此外，相比于“支柱一”，美国更加重视“支柱二”，这主要与拜登上台后增税的税改政策相关，在这一背景下，一个确定的全球最低税率，可以在一定程度上减少美国政府增税带来的负面影响，借此来提高美国的税收竞争力，最终让美国企业的收入回流到美国本土（励贺林、姚丽，2021）。

尽管目前包容性框架成员中大部分的国家已经表示同意“双支柱”方案，但其中一部分国家仍对其未来的实施表示担忧。其中，匈牙利（企业所得税率 9%）政府表示“支柱二”中 15% 的全球最低税率将会对本国企业产生巨大冲击，居民会面临大量的失业风险，因此提出了 10 年过渡期的建议（杨淮、朱一鸣，2021）；爱尔兰（企业所得税税率为 12.5%）表示加入“双支柱”将会减少外部投资的吸引力，并损失近 20 亿欧元的企业所得税（陈益刊，2021）。为了保障本国的税收权益，在爱尔兰政府的强烈要求下，全球最低税率由“至少 15%”改为确定的“15%”这一标准。

（二）“双支柱”方案实施存在困难

“双支柱”方案最终在 OECD 的 BEPS 包容性框架在各成员国落地之前，至少还需经过两步努力。首先是作为国际税收规则的“双支柱”方案获得各国立法机构批准，各国议会、国会准许其在国内施行；其次是“双支柱”方案在立法过程中与各国现行税法进行融合构成新的税制体系。因此，“双支柱”与国内法的衔接存在极大困难。

目前，包容性框架 141 各成员中已有 137 个国家或地区就“双支柱”解决方案达成共识，这标志着国际税收规则改革取得了重大进步。然而，这种“多国共识”未来如何进一步发展仍旧存在不确定性，“双支柱”作为一项国际税收规则，若想真正落地实施各国政府还需获得立法会（议会）对于“双支柱”在国内的准入许可。才能真正发挥作用，而这点也正是该方案落地进程中最为困难的部分之一。以美国为例，尽管本届美国政府已经同意“双支柱”方案，但“双支柱”方案若想在美国落地实施仍旧需要参众两院审议通过，成为法律才能进入实质实施阶段。而美国的两党博弈是“双支柱”在美国落地实施的最大变数。民主共和两党在参众两院的博弈使“双支柱”方案在美国的前景蒙上一层不确定性的阴影。

在各国政府获得立法机构准许后，最重要的问题就是如何将“双支柱”方案与本国税法结合构成新的税制体系。此环节是最重要也是难度最高的部分，困难主要体现在“双支柱”方案本身的不确定性和复杂性。

“双支柱”本身的复杂性导致其实施前的政策、法律法规协调存在极大困难，主要体现在以下几方面。首先，“双支柱”方案复杂性体现在其波及企业范围大，对于国与国之间的税收协调要求极高。现行国际税收协作机制无法满足“双支柱”方案的实施要求。起初“双支柱”方案的设计是从数字经济范畴出发，但目前来看早已超出对于数字经济征税的初衷。就“双支柱”方案中涉及的企业范围来说，正在逐步扩大，其中，“支柱一”的适用对象不再区分“自动数字服务企业”和“面向消费者企业”，而是提高了收入门槛和利润率门槛。“支柱二”方案的适用对象面向全行业的跨国企业集团，仅对于政府机构等非营利组织、规模较小的处于全球化初期的企业等进行了有限度的排除。而对于国与国之间的税收协调上的问题，主要体现在 137 个国家的会计制度并不完全相同，在协调各国进行有效税率和涵盖税额的计算等方面就将面临非常大的困难。朱青（2021）指出，“双支柱”方案是一种超国家的税收调节，被调节的对象是各国（地区）的企业，而调节的主体是国际社会（比如以后有可能成立的国际税收组织），中间隔着主权国家（管辖区），这种国际税收调节模式在人类历史上还是很罕见的。①

根据OECD陆续出台的“支柱一”与“支柱二”的立法模板与实施细则，方案与内容都极其复杂而且方案本身也存在部分不确定性，在实施时极其考验各国税务部门的征管能力与水平。以《支柱一金额A：联结度与收入来源地规则立法模板草案》为例，针对七个类别的营业收入分别制定了对应的收入来源地的规则。而在七种不同收入中，以提供服务的收入类型的分类最为繁杂，有包含广告服务、在线中介服务、运输服务等八类，对于这八类服务收入，其收入来源地规则又各不相同。这给各国的税务机关辨别收入类型，确认收入来源地方面增加了许多困难。

不确定性主要体现在机构识别、实际有效税率和补征税款计算方面。第一，机构识别方面，“双支柱”方案都规定了适用门槛，但是具体企业认定仍旧存在不确定性。例如，如何去识别常设机构与透明实体，透明实体又分为“双向透明实体”“反向混合实体”，在不同的税收管辖区的实际认定过程又会遇到不同的问题。另外，个别企业会通过分开设立使企业避免落入GloBE规则的适用范围，规则并未明确指出如何应对此种情况。第二，在计算实际有效税率方面。需要计算税基与涵盖税额。由于需要将调整后税前损益和可纳入所得税分配至各辖区，但是对于部分特殊组成实体其分配规则比较复杂，有效税额计算的主要难点在于对各类特殊所得税制进行识别，其中对未分配利润、股息、股东权益等项目的特殊税制安排以及部分国家采用的分配所得税制的处理较为复杂（杜莉，2022）。第三，在补征税款的计算方面。跨国企业集团组成实体的识别与可剔除确定经济实质的识别均会对补征税款的计算产生影响。根据“支柱二”规则，跨国企业集团组成实体不仅包含列入合并报表的实体，还包括未列入合并报

① 朱青．对国际税改之难要有所准备［N］．中国税务报，2021－11－03（05）．

表的实体，且需重新识别确定可剔除的有形资产与人员工资。

五、“双支柱”改革方案的主要影响

“双支柱”改革方案可以有效弥补传统税收规则的部分漏洞，减少各国的税收损失，其中“支柱一”方案的有效实施每年可以为市场国带来近1 000亿美元的税收收入（代志新、高宏宇，2021）。相比“支柱一”方案，“支柱二”方案的适用范围更加广泛，15%的最低税率在全球预计每年会产生大约1 500亿美元的额外税收收入（韩霖、叶琼微，2022）。总体来说，“双支柱”的顺利实施对我国而言既是机遇也是挑战，一方面，能够提高我国的税收收入，保障我国的税收权益；另一方面，也对我国的征管能力、政策制定等方面提出了更高要求。

（一）“双支柱”方案对征税权的影响

“双支柱”方案核心内容就是对各国间的征税权进行重新划分，以达到平衡各国税收利益分配的目的。“支柱一”方案的实施实际上会赋予市场国针对其辖区内跨国企业集团分支机构来源于其本国的收入一部分征税权，因此，该方案对各国原有的征税权有所影响。而新征税权的底层逻辑是收入来源地规则，根据OECD发布的《支柱一金额A：联结度与收入来源地规则立法模板草案》，对不同服务类型相应的确定了不同收入来源地规则（励贺林，2022）。一些大型跨国企业集团业务遍及全球，其营业收入有相当一部分来源于并非其居住国的税收管辖区。因此，对于许多并非跨国企业集团的市场国，“支柱一”方案的实施从实质上将会扩大其征税权。从国际间资本流向来看，该方案整体上还是有利于跨国企业的投资目的地。

“支柱二”方案实质上也是对全球各国的征税权进行了重新划

分，希望借此解决税基侵蚀问题。与“支柱一”不同，“支柱二”通过三项规则来达成。“支柱二”方案中的 IIR 规则与 CFC 规则相同都是赋予跨国公司集团母公司所在国针对分支机构在外取得的低税所得征税权，但是仍有细微差别。首先，相比较于 CFC 规则仅适用于跨国公司消极所得，所得纳入规则（IIR）则扩大了规则适用范围，只要是在其他管辖区取得的低税所得不论何种类型、是否为消极所得，都将赋予其集团母公司所在国对于此部分收入补征税款的权力。其次，IIR 的施行打破了 CFC 条款对于持股比例的限制，适用范围不再局限于母公司持有股权超过一定比例的境外分支机构。

根据“支柱二”的设计，IIR 为首先使用的规则但并不强制，假如集团母公司所在国未通过“双支柱”方案，或立法通过“双支柱”方案但选择不实施 IIR，或者在集团母公司所在国补征税款后仍未达到 GloBE 规定的最低税率 15%，那么此时允许收入来源国根据 UTPR 对此部分所得进行补征税款至最低税率。STTR 则是针对在居民国未充分征税的低税所得给予来源国直接征收预提税或禁止其享受税收协定待遇的权力。

（二）“双支柱”方案对征管的影响

首先，“双支柱”方案的实施对税务机关的征管能力提出了更高的要求，需要加强相关涉税信息的可获得性，尤其是在计算金额 A 的分配过程中，不仅要对企业的结构以及经营情况等信息有着非常全面的了解，还需要对企业的业务运行情况以及盈利情况等相关资料进行必要的收集与处理。面对海量、多样、庞杂的信息数据，加快推进大数据、区块链、云计算等技术在税收征管中运用是必要的。

其次，相比于“支柱一”，“支柱二”规定了一系列规则的使用顺序，复杂的实际税率计算流程、并且要求使用调整时间性差异后的有效税额，以及经过符合“支柱二”政策共识在全球范围内通用的会计准则计算出来的财务利润。例如，在计算实际有效税率的过程中，需要合并管辖区内所有符合 GLoBE 定义的所得税税费并对财税报表进行调整，同时还需判定所有权结构问题，此时税务机关需要收集的信息已经超出涉税信息，甚至涉及企业结构以及真实的业务运行资料的收集与判断。为了更好地适应国际税收规则的变化带来的税收征管挑战，我国应继续深化税收征管改革，提升税收治理效能，不断提高税收治理体系和治理能力现代化水平。

最后，在征管过程中，“双支柱”方案中的许多计算是以美国会计准则（US GAAP）或国际财务报告准则（IFRS）为计算依据。目前，全球已有超过140个国家使用国际财务报告准则基金会和国际会计准则理事会（IASB）共同制定的（IFRS），而我国并没有完全采用IFRS，因此，在计算企业利润总额或剩余利润时会产生一定的差异。例如，在计算金额A时，使用的方法为固定比例公式法，这种计算方法对我国税收征管来说是一个难点。

（三）“双支柱”方案对我国引进投资的影响

“双支柱”方案若能顺利实施，将会增强我国的投资引进能力。“双支柱”方案，特别是“支柱二”的设计将减缓甚至终结全球税率“逐底竞争”，未来优质的营商环境将成为各国吸引外资的核心因素。

中国自改革开放以来一直是外商投资的重要目的地，经过几十年的发展，中国取得了瞩目的经济成果，近年来，引资规模稳居全球前列。但近几年来中国的劳动力成本逐渐上升，要素优势开始逐渐减少，在中国产业转型升级的大背景下，许多劳动力密集企业由于东南亚诸国较低的要素成本和承诺给予远多于我国的税收优惠与补贴，纷纷选择迁往东南亚等地，这使得东南亚部分国家的制造业在最近几年承接中国的外迁产业后得以迅猛发展，但我国劳动密集型企业外迁的速度远远大于我国新动能企业成长速度，导致对我国经济产生了如增速下降等负面影响。但是“支柱二”的实施可能会使这一局面产生有利变化。

“支柱二”各规则的具体应用将对总部在海外并在来源国经营业务的跨国企业产生显著影响，可能削弱甚至完全抵消跨国企业在各国享受税收优惠后取得的实际好处。发展中国家提供的如加速折旧、低税率等税收优惠政策的存在往往会导致该国市场管辖区根据“支柱二”有效税率的相关计算规则得出的实际税率低于“支柱二”规定的全球最低有效税率，在实施“支柱二”规则的市场管辖区内跨国企业集团分支机构若根据规定进行补税，将导致其实际上无法享受相应国家带来的税收优惠，一些发展中国家给予跨国集团公司的税收优惠待遇将显著减少甚至消失。许多发展中国家为了吸引外资发展经济推出的税收优惠政策将会失去其作用。

在“支柱二”方案实施后，随着我国远远优于东南亚诸国的营商环境、门类齐全的现代工业体系、完整的全产业链分工运作体系加上境内外企业税负相似的有利局面，预计将会吸引更多大型跨国企业资本回流中国。

（四）影响税收优惠政策的制定

“支柱二”方案中的 GloBE 规则规定各国通过制定国内法来进行补足税的征收，同时规定了全球最低有效税率为 15%。对于发展中国家来说，由于其在国际产业链中缺乏比较优势，国内缺乏资本和技术，为促进经济发展往往会推出较多税收优惠吸引跨国企业集团到本国投资，但是“支柱二”的实施会从根本上限制发展中国家制定税收优惠政策的自由。对于一些传统的避税天堂来说，其利用低税率吸引境外投资的发展模式未来或许会从根本上转变。而对于所得税率较高的发达国家来讲，其他国家提高所得税率、减少税收优惠政策，将会促进资本回流本土。

以我国为例，尽管我国的企业所得税名义税率为 25%，远高于 15%，但是为鼓励高新技术企业和中小微企业发展，推出了大量税收优惠政策，这些税收优惠集中于税基式减免与税额式减免，最终都会使“支柱二”方案中的涵盖税额减少，从而导致计算实际有效税率（ETR）降低，假如在某一税收管辖区计算出的实际有效税率（ETR）低于全球最低税率 15%，就会增加跨国企业集团的补税风险与实际税负。“支柱二”方案的一大特点就是最终跨国企业集团一定会将所得补税至全球最低有效税率15%，只是根据适用规则的优先度不同，最终补税的市场管辖区有差异。假如本国不采取措施提高实际有效税率，那么税收收入将流向他国。

因此，为了防止本国的税收收入流入他国，“支柱二”方案可能会导致包括我国在内的许多发展中国家以及避税地国家的税收优惠方针政策转向，未来可能使用财政补贴政策代替税收优惠的方式给予企业财政激励。

（五）“双支柱”对企业的影响

1. “支柱一”方案对于企业影响相对有限

“支柱一”方案由于其较高的适用门槛，且排除了利润最高的采掘业与金融业，导致其规则作用大大下降，但对于一部分被纳入“支柱一”管辖范围内的企业来说，将会在一定程度上增加其税负与合规成本。

从“支柱一”方案细节来看，我国符合“支柱一”中营业额和利润率标准的企业主要集中在保险、石油、银行等领域，而这些领域是被排除在协议之外的。对于既符合协议标准又在适用范围内的一些企业，主要是指互联网企业，未来可能会受到一定的影响，一旦改革方案落地实施，这些符合标准的企业每年就需要将一部分的利润分配给市场国（朱青，2021）。目前，我国大部分“走出去”企业主要集中在实体经济和新兴产业，尽管近年来我国“走出去”企业的数量迅速增加、规模绩效显著提高，但符合适用范围并达到“支柱一”中营业额和利润率的标准的企业还是相对较少。对于被纳入“支柱一”金额A范围内的跨国企业集团，原本只需在常设机构所在国缴纳税款，将变为通过收入来源地规则确认收入来源，并将部分税收分配至服务提供地或消费所在地，这会导致跨国企业集团在构成新联结度的各个市场管辖区内需要履行新的纳税义务，企业的合规成本将会增加。但总体来看，“支柱一”方案对于跨国企业集团的实质税收影响可能有限。

2. “支柱二”对于企业影响较明显

与“支柱一”相反，“支柱二”的实施不仅会增加跨国企业集团在全球范围内的税负与合规成本，最终可能间接抑制跨国企业集团全球投资的积极性。全球最低有效税率可能导致税收优惠政策失效，企业税负增加。由于发展中国家存在广阔的市场与相对低廉的人力成本和原材料价格，许多跨国企业在近几十年内广泛前往东欧、亚洲、非洲等“一带一路”沿线国家和地区投资，这些地区往往会出台一系列税收优惠政策吸引外国资本入境投资，尽管上述地区的企业所得税名义税率高于“支柱二”方案规定的全球最低有效税率 15%，但是计入税收优惠后会存在实际有效税率往往低于 15% 的跨国企业。随着“支柱二”方案实施后，这些实际有效税率低于 15% 的跨国企业集团将会失去税收优惠带来的低成本优势，并且需要补税，这将会增加跨国企业集团的综合税负。与此同时，按照“支柱二”方案要求分别计算各个市场管辖区的有效税率也会增加企业的税收遵从成本，对于跨国企业集团的全球投资的积极性产生抑制作用。

“支柱二”方案可能导致企业避税措施失效。许多跨国企业在市场国境内设立子公司或分公司，这些企业共同特点之一就是由境外母公司提供无形资产，或通过其他方式规避市场国税收。“双支柱”方案的通过对于这部分企业也将产生一定影响。例如，在中国设立子公司的外资企业往往通过转让定价、提高特许权使用费、将技术转让费纳入设备价格、让境外母公司与关联方签订不合理的成本分摊协议等诸多手段逃避缴纳我国税款。“双支柱”方案实施后，如果按照其实际有效税率（ETR）计算方法得出该跨国企业集团分支机构在中国境内所得的实际税率不足全球最低有效税率 15%，那么该部分所得将被跨国企业集团母公司所在国和所得来源国（即中国）征收补足税。假如是特许权使用费等 STTR 规定的特殊类型所得，那么我国税务机关则可优先跨国企业集团母公司所在国使用 STTR 以补征税款至最低税率。不仅如此，“双支柱”方案实施的复杂性也将对企业合规工作提出更高要求，企业在税收遵从方面花费的成本也将更高。

六、应对“双支柱”方案的中国举措

（一）提前做好规划

对于税务部门来说，应主动适应国际新规则的变化，积极探索适合我国国情的应对预案，主动根据 OECD 方法测算我国能够取得的跨国企业剩余利润及其基础分销营销活动产生固定回报的税额与我国（中资）跨国企业应负担的其他市场国税额之间的差额。根据“双支柱”方案，进一步明确我国在新规则下可对跨国企业征收补足税的权力与中资跨国企业在不同国家的补征税款纳税义务。此外，“支柱二”方案中的三项规则（IRR、UTPR、STTR）对包容性框架的成员并不具有强制性，我国可自行选择是否采用，但为了避免我国走出去的企业因被他国补征税款，从而导致税源流失问题，我国政府部门也应当提前规划与该规则相关的试点工作，减少我国使用“双支柱”方案实施时的不确定性，为我国经济稳定发展做出有力支撑。

对于中国企业来说，应积极地提前做好规划，来减少国际税收改革对企业的影响。首先，企业可以结合自身的财务数据、经营数据以及其他的涉税数据等，根据“双支柱”的测算方法来预估企业纳税数额的变化，并据此做好相应的经营调整。在企业纳税成本过高的地区，可以适当减少企业的投资总额或者合理调整企业在各个税收管辖区的经营规模，防止企业与该国达到“支柱一”规定的联结度标准，从而避免企业的利润在来源地国纳税。其次，我国企业在走出去的过程中，遇到其他国家发起转让定价调整的情况时，大多是以申请预约定价安排（APA）或是自行调整补税的方式来解决，而使用税收协定相互协商程序（MAP）、税收仲裁程序的企业较少。因此，对于“走出去”的企业应当积极了解涉税争议解决机制，以便在遇到相关问题时可以从中选取对其有利的应对方式，从而有效地维护企业的合法利益。最后，中资企业在全球经营过程中面临着复杂的以及不确定的税收环境，在此背景下，中资跨国企业应将依法公平纳税作为全球纳税遵从原则的核心，通过设立特定组织架构、进行经营投资策略调整以及制定多方面的税收管理策略，从而保障中资企业在全球经营中的利益（吴小强 2022）。

（二）完善相关法律法规

我国必须完善有关法律法规以应对数字经济不断发展和“双支柱”方案落地将带来的影响。从数字经济业态不断发展的角度来看。数字经济已经成为各国经济发展的新引擎。近几年，我国数字经济一直保持高速发展态势，逐渐成为全球第二大数字经济大国，在 2020 年，数字经济规模就已经达到 39.2 万亿元，占我国 GDP 比重 38.6%。与此同时，国际间经济贸易往来也愈发频繁，许多国际知名大型数字经济企业也不断进入中国开拓市场，更多的本土数字经济企业走出国门。外国数字经济企业进入中国开展业务往往不需要传统税收规则概念下的常设机构，这可能导致其部分来源于中国的收入无须在中国纳税。而越来越多的中国走出去企业选择使用 VIE 架构将注册地放在百慕大、开曼群岛等离岸避税地进行节税筹划，上述情况均造成中国的税收流失。因此，我国需要加快完善相关的法律法规来保障我国数字经济的持续与稳定发展，支持跨国企业集团稳定运营。

但是我国尚未出台针对数字经济的税收法律规范，而以法国为代表的部分国家早已陆续采取与数字服务税相关的单边措施，OECD 也于 2021 年正式推出“双支柱”方案，为了切实保护我国的税收主权与利益，冯守东、王爱清（2021）提出应在《税收征管法》中增加有关数字经济的相关条款，对相关概念及其内涵进行法律和技术上的界定。首先，需要明确数字服务的定义与范围，目前各国多是通过列举的方法来确定课税对象的具体种类，这就导致了税务部门对数字服务的判定仍存在漏洞，以及政策制定本身的滞后性也会影响税收征纳的效果。其次，在国内数字税收法律法规方面，需要完善对于数字经济企业中有关“虚拟常设机构”的认定标准，由于传统的常设机构原则已经不能满足数字经济发展对于税收征纳提出的更高要求，而OECD税收协定范本和联合国范本也并未对网址、服务器等是否可以作为常设机构做出判定（金芷丹，2020），这导致部分数字经济企业的业务收入游离于现行的所得税法管辖之外，因此，进一步完善常设机构的定义也是推进税法体系进步以应对数字经济发展的有利方式。此外，还需明确数字交易中税基、征税对象等基本征税要素，重新界定收入类别，将其收入纳入征税范围之内，通过增加来源国征收预提税等具体措施弥补我国的税制缺失、税法空白（郑书琼，2021）。

（三）加快税收征管体系数字化

“双支柱”方案对税务征管工作提出了很高的要求，从税务管理系统建设、到涉税信息收集都需要一套更加智能化的信息平台。

一是加强税收征管体系中的网络建设，依托互联网平台，构建税收征管一体化工作系统。“最低税”方案的广泛实施，缩小了纳税人偷逃税的可能性，但同时税收征管人员也面临着更庞大的工作量，在税收数据的生成、收集、储存等基础数据操作之后，建立一个一体化共享数据系统，将会降低更多税收成本。在保障数据安全的前提下实现税收数据共享，确保了税务机关信息收集的全面性和准确性，同时也极大地提升了税收征管强度。

二是加快云计算、大数据分析等信息技术在税收征管领域的应用。全球最低税方案的顺利实施建立在跨税收管辖区对于企业实际有效税率与规定的全球最低所得税率15%的差值精确计算的基础上，运用信息技术编制出一套易于操作的计算程序，能提高税务机关的征管准确性，强化我国税收财政职能，降低征管成本，同时数字化的税收征管体系也能监督纳税人准确申报纳税信息，便于履行纳税义务。

三是重视对税收数据的定期审查和分析（王子玥、吉黎，2021）。全球最低税方案主要针对跨国公司的海外利润，而在获取涉外公司的财务与涉税信息时存在信息壁垒，可以考虑运用大数据技术对企业涉税风险进行定期检查，定期筛查可疑偷税行为，并实施云端监察。此外还可以依据云计算分析出企业的税收数据变化，总结出某一行业企业的普遍适用税率区间，借以发现潜在的税法漏洞，及时完善税制，确保我国税收利益，促进我国经济健康发展。

（四）加强国际税收协作

目前，我国已在数字经济领域的税收规则制定中发挥了重要的作用，并在各种国际会议中提出了多项的声明与意见，不仅如此，表达的许多观点和理念都已经渗透到国际税收协定中，为积极推动统一公平的国际税收规则做出了巨大贡献。

合作共赢仍然是当今世界解决国际税收问题最有效的手段（朱青，2022）。为了保护我国企业免遭税收歧视或其他涉税纠纷，应继续加强国际税收协作，进一步为我国“走出去”企业消除国际涉税争议，尤其是对于中国跨国企业投资较为密集的国家，应当进一步扩大税收协定的覆盖范围，为“走出去”的企业提供良好的税收环境（刘跃珍，2022）。在此基础上，还需要建立完善的情报交换机制和“全球一户式”风险评估机制（刘丽、陈高桦，2021），以及涉税信息交换机制和相互协商机制（国家税务总局新疆维吾尔自治区税务局，2021），通过加强国际间税收工作网络和税收共享信息库的构建，与相关税收协定缔约国家相互交换所需信息，减少纳税人在别国藏匿资产或收入以逃避本国税收的行为，在一定程度上达到反避税和反跨国涉税欺诈的目的，从而更好地促进我国企业的高质量发展，维护我国税收权益。此外，针对不同国家的税收治理制度，我们除了与OECD等全球性经济组织的合作以外，还应该与他国或地区签订符合国情与国际税收发展趋势的双边或多边税收协定，在有关“双支柱”具体实施过程中的必要税收制度上达成一致，坚决防止税法漏洞的出现，如联合多国（地区）开展税务审计，减少双重征税或双重不征税的问题，降低双重征税给国际贸易带来的负面影响，为实现国与国之间双边经济往来在税制方面奠定坚实基础。

（五）做好相关政策储备

我国现行对企业的财政激励政策主要以企业所得税的税收优惠政策为主，最终往往体现在企业所得税税额的减免，这在计算“支柱二”方案的实际有效税率（ETR）时导致分子有效税额以及最终有效税率减小，最后使跨国企业集团母公司所在地优先形式 IIR 向企业征收补足税的可能性大大增加。因此，我国可以考虑将原本以减少企业所得税应纳税额为主的税收优惠政策改为转变为“可返还税收抵免额”或“政府援助”等既不降低企业 ETR、又能激励企业发展的优惠措施。[①] 或者将企业所得税优惠转变为增值税优惠上，允许其在计算增值税应纳税所得额时扣除员工工资薪金以及专利研发费用等。借助“双支柱”方案的施行倒逼我国财税优惠政策体系向着更加符合法律原则的方向转型。

从长期的发展来看，我国需要积极研判，并做好应对预案，储备相关政策，切实维护好我国的税收利益和国家权益。例如，在“双支柱”方案落地之前，我国应对已开征数字税的国家提出的相关政策进行研究，在结合我国国情的基础上，积极的储备适合我国国情的数字税相关政策。此外，我国可以选取数字经济发展水平较高的地区进行试点，为未来“双支柱”方案在我国广泛实施提供应对经验（郝东杰、陈双专，2020）。

---

① 朱晓丹，曹港珊．论《双支柱框架协议》立法目的之变动与影响［J］．国际税收，2021（09）：43 –50.

第五章
“以数治税”与企业税务数字化转型
——2022 大企业税务管理数字化发展研究专题报告[①]

以数字化形态开展税收征管工作是近年我国现代化税收征管体系建设的主要路径。迄今为止，我国税务机关已经做了大量的顶层规划和整体建设，但由于税收征管涉及税企双方，因此在征管体系现代化目标实现道路上，还需要企业端的税务工作配合衔接，协同发展。

企业端的税务管理在“以数治税”的建设理念指导下，面临怎样的困难和问题？如何定位、如何发展？现阶段看，主要是缺乏体系化的研究和规划以及缺乏相应的实践经验总结，企业端在业务实践中遇到诸多问题亟待解决。

为了更好地支持该领域的建设发展，自 2022 年开始，我们组织多方专家、学者开展了大企业税务管理数字化发展研究，结合当前经济环境和企业税务管理现状，共同探讨研究企业端税务管理数字化发展路径问题。本报告就专项调研及各方专家的观点意见，综述总结以期为后续研究提供支持。

---

① 联合发布机构：中国人民大学“数字税收跨学科交叉平台”、毕马威企业咨询。

一、“以数治税”与税收征管数字化发展

（一）背景

中办、国办发布的《关于进一步深化税收征管体制改革的意见》（以下简称“深体改意见”）为数字化背景下中国智慧税务的建设描绘了蓝图。“深体改意见”中首要一条就是“全面推进税收征管数字化升级和智能化改造”，并明确提出了“以数治税”的概念。实际上，近年来我国税收征管体制改革的发展一直是以技术和数据应用为驱动，以“营改增”为契机，以“金税三期”为基础，以强化风险和数据管理为导向，目前已经基本建成了科技征管的基础能力。在新的探索历程中，税务机关将不断深化税收征管体制改革，继续强化科技驱动和数字化能力的关键地位，以数字化、智能化驱动征管方式变革，从“报税”走向“算税”；以数字化驱动税收征管流程的优化重塑，从“上网”走向“上云”；通过数字化实现征管效能提升，从“以票控税”走向“以数治税”。

我国的税收征管建设发展历程具有国际统一性。经济合作与发展组织（OECD）发布的《税收征管 3.0：税收征管的数字化转型》报告中，就全球征管数字化的建设历程做了回顾，整体上与我国的发展历程较为一致。该报告中描述的税收征管 3.0 阶段的形态，也与我国目前建设规划的安排方向一致，其中包括了关于数字身份管理、自动计税等技术应用，最终实现“协同遵从”的目标等。

我国的税收征管数字化建设，始终以服务纳税人为核心，以提高征管效率和纳税遵从水平为目标，在不断强化税收现代化建设过程中探索形成。而“以数治税”理念是税收征管的改革发展适应政府管理机制转变，充分利用科技能力，在业务和技术结合应用的全面实践中沉淀出来的。从“互联网＋税收”“信息管税”到“以数治税”

“智慧税务”的理念转变，是各级税务人员和相关领域专家过去十余年持续寻求发展、改革创新的成果。

“以数治税”的概念不仅体现在管理效能上，而且在更大范围上能够概括中国税收管理数字化发展的路径和理念。即以数字化建设模式实现我国税收征管体制的现代化建设目标。其中，“数”即“数据”，体现了以数据应用为基础，充分利用领先的信息技术能力，支持和开展管理工作。“治”即“治理”，其内涵包含以数据为基础谋求管理体制的创新，以及在业务管理之外，拓展更多以税收为核心的社会价值追求。

在“以数治税”理念下，我国税收征管数字化转型升级目标是大幅提高税法遵从度和社会满意度，降低征纳成本，充分发挥税收在国家治理中的基础性、支柱性、保障性作用，为推动高质量发展提供有力支撑。

（二）税务机关税收征管数字化的发展状况

税务机关关于税收征管的数字化建设，主要是以金税工程为基础，并配套一系列组织和管理机制的全国税收管理信息系统的整体建设。

1. 金税三期的建设成果

金税三期工程自2013年开始建设，整体目标是根据一体化原则，依托计算机信息网络，建立基于统一规范的应用系统平台，由总局和省局高度集中处理信息，覆盖所有税种、所有工作环节，国、地税局与有关部门联网协同运作。是包括征管业务、行政管理、外部信息、决策支持等四大子系统的功能齐全、协调高效、信息共享、监控严密、安全稳定、保障有力的税收管理信息系统。

金税三期工程最终建立了“一个平台、两级处理、三个覆盖、四个系统”。“一个平台”指包含网络硬件和基础软件的统一的技术基础平台；“两级处理”指依托统一的技术基础平台，逐步实现数据信息在总局和省局集中处理；“三个覆盖”指应用内容逐步覆盖所有税种，覆盖所有工作环节，覆盖国、地税局并与相关部门联网；“四个系统”指通过业务重组、优化和规范，逐步形成一个以征管业务系统为主，包括行政管理、外部信息和决策支持在内的四大应用系统。

金税三期建设的核心征管平台目标当前已经全面实现，税务机关通过金税三期平台覆盖全部业务，实现业务办理规范统一、税务管理规范制度化。以“核心征管平台为主线，延伸建设外部信息交换平台”为标准，构建起全国统一的外部信息管理系统和信息交换通道，形成以涉税信息的采集、整理、应用为主线的管理体系，为强化税源管理提供外部信息保障；提升管理决策平台的风险管理能力，实现对企业纳税风险的数字化核查，以及对税务机关内部在办理征管、评估、稽查业务时渎职、滥用职权等违法、违规的管理。此外，还包括纳税服务平台、行政管理系统，共形成五大功能平台。

依托金税三期的建设成果，在国、地税合并税务机关组织体系改革支撑下，结合“放管服”大背景下的一系列工作安排，税务机关形成了风险管税、数据管税的整体能力。

2. 金税四期的建设前景

金税三期工程之后，伴随“深体改意见”的发布，税制改革发展进入下一阶段，以此为整体基础开展新一期金税工程即金税四期的规划建设。

金税四期是征管体系进一步完善数字化、迈向智能化管理开展的技术层面基础设施建设。金税四期建设以发票全面电子化为突破口和先行安排，同时深化大数据和智能化应用等，建立一体化电子税务局。

一是“全电发票”首推，充分发挥其在交易中的“黏合剂”作用。

现阶段，以“全电发票”为引领的发票全面电子化建设正在积极推进。税务部门以全国统一的电子发票服务平台为依托，开展“全电发票”试点。24 小时在线为纳税人免费提供电子发票申领、开具、交付、查验等服务，实现了“开业即开票”便利纳税人的举措。在上海、广东、内蒙古三省开展整体开票、受票试点之后，又分批分次扩展受票试点地区，目前受票试点已覆盖全国所有区域范围。“全电发票”全面试点工作，突出了整体创新管理理念和应用便利性，备受行业瞩目。

“全电发票”畅通了信息的交换和流动。不仅便于税务机关征管实现大数据级的交易管理，同时能够助力企业借助大数据分析、统计，增加企业在市场竞争中的优势，便于纳税人和消费者进行交易，充分体现电子发票的黏合作用。

长期看来，全电发票将以发票电子化改革为契机，探索建立以增值税监管账户为核心的增值税管理新机制。在这一机制下，纳税人开票成功后，可能会由系统自动发出指令，将发票对应税款立即划入监管账户予以冻结，从而改变税务部门在不法分子后面追着跑的被动局面，实现由“管票”向“管税”的根本性转变。

二是发力“精准监管”，保证纳税人合法权益的同时强化对偷逃税费的打击力度。

金税四期将结合《深化体制改革意见》的相关要求，发挥税收大数据作用，全方位提高监管精度。一是税务机关通过金税四期将大力应用大数据等新技术以“纳税信用 + 税收遵从风险管理”为基础开展新型监管；二是发挥税收大数据作用，依托税务网络可信身份体系对发票开具、使用等进行全环节即时验证和监控，实现对虚开骗税等违法犯罪行为惩处，从事后打击向事前、事中精准防范转变。三是充分依托国家“互联网 + 监管”系统多元数据汇聚功能，精准有效打击“假企业”虚开发票、“假出口”骗取退税、“假申报”骗取税费优惠等行为，保障国家税收安全。四是建立健全纳税缴费信用评价制度；五是实行纳税人、缴费人动态信用等级分类和智能化风险监管，更加高效快捷地对发票情况进行更新扫描。总体而言，金税四期将以最严格的标准防范逃避税，又将最大限度避免影响企业正常生产经营。

金税工程的外部数据交换功能助力“精准监管”。一是利用大数据对逃、避税问题多发的行业、地区和人群，提高“双随机、一公开”抽查比例。二是要强化预防性制度建设，加大依法防控和监督检查力度，对隐瞒收入、虚列成本、转移利润以及利用“税收洼地”“阴阳合同”和关联交易等逃税、避税行为进行有效监管。三是通过金税四期的精准画像功能，对企业进行精准定位。根据精准画像的结果对合规企业里的虚假企业、异常企业、高危企业进行整顿、治理，从而保证税收优惠政策如“应抵尽抵”、出口退税、留抵退税、应退尽退的准确与合规。

（三）税收征管数字化与企业税务管理数字化的关系

企业税务管理数字化是全面推进税收征管数字化升级和智能化改造的重要一环，亦是中国智慧税务建设的有机组成部分。

1. 税收征管是征纳双方的协同工作

税收是对企业经营成果的再分配。在各类企业的税收制度安排落实中，都存在税务机关和企业纳税之间的协同关系，税金的产生源于企业的经营活动，而税金缴纳的比例和流程需要通过具体的政策规范进行确定，随后经税务机关最终计算缴纳入库，在此过程中需要全面贯穿税企双方的协同活动。

税收征管工作涉及税企双方。政策层面，由税务机关公布政策，企业纳税人收到整理并学习理解。征管落实层面，由税务机关建设一系列管理平台，提供软、硬件规范与执行要求。具体来说，税务机关公布申报表格式，指定报送规范，设置电子税务局并指导纳税人填报；企业纳税人则为开具发票、计算税金、填写申报表投入资源。可以说，税收征管活动本质上就是由税企之间的各种互动构成的。

税收征管体制的发展，无论是传统模式还是数字化模式都需要企业端不断地进行建设与完善。

2. 税务机关的数字化建设促进企业税务管理数字化的发展

整体而言，税务机关的数字化建设已经从许多方面促进了企业税务管理的数字化发展。

一是在发票管理、电子税务局等征管措施的升级和完善层面。随着金税工程建设的推进，增值税一体化管理平台不断升级，纳税人的发票查验、勾选认证等各项操作逐步转变为以线上化、数字化为主，企业端也相应地配套升级了围绕发票开具、进项发票收取等方面的信息化、数字化建设。

二是在企业管理层面。税务机关通过风险管理建议、风险预警提醒等方式，引导和帮助企业更好地规范税务管理，降低税务风险。在大型企业个性化服务方面，提供“高端、定制、专属”服务，与大企业签订“税收遵从协议”，引导企业加强税务风险内控；签订“个性化纳税服务备忘录”，提供税企高层互访、专题业务交流、涉税诉求快速响应、协调解决涉税争议、新政策适用性解读等系列个性化定制服务；与大企业合作研发“税务内控风险防御系统”，运用信息技术在共建企业涉税内控系统方面进行新尝试。

三是在数据技术应用层面。税务机关运用大数据、区块链等技术，对注册（注销）登记、经营情况、业务真实性、票据资金合规性等内容实行多维度、全周期管理，并同步对企业进行信息的共享和全过程的监管；征纳双方加强征管数据交换，结合行业情况和企业特点，税务机关帮助企业梳理内控指标、征管指标、税源指标，以降低双方的法律风险与遵从成本，同时明确双方交换信息的权利与义务，有助于缓解征纳双方信息不对称的矛盾，以互补优势信息拓展合作空间。这类数据协同建设既有助于税务机关提升管理水平，又能使企业增强对与数据管税的理解和认识，逐步基于自身数据情况加强内部的管理。

3. 企业的税务管理数字化支持现代化税收管理体制的完善

企业端的税务管理数字化建设，不仅为企业自身提供价值贡献，对于促进税务机关的征收管理等多方面也有关键作用。

一是促进征管效率提升。企业端税务管理数字化建设必然能够实现自身税务管理效率的提升，企业端税务处理的流程是税收征管大流程中的组成部分。企业端管理效率的提升，整体提高的是自身遵从水平，在执行层面，具体体现为提高计算税款的效率、提高整体合规的水平、提高后续管理的完善度等。在“放管服”的大背景下，企业自身管理的完备程度对于税金的缴纳、自身管理以及监管的应对等方面都有重要的影响。从整体来看，企业自身税务管理程度越高，其在执行层面也会变得更快、更准确、更全面。

二是促进“报税”向“算税”的转变。企业端税务管理数字化建设需要实现纳税规则的系统化、内置化管理。特别是智慧税务的建设规划中提出，通过数字化实现从“报税”向“算税”的转变，其实就是进一步将税务规则前置在企业的经营过程中，而想要达到这个目标就需要企业自身具有成熟的数字化税务管理能力。同时，企业端税务管理的数字化水平越高，承载规则前置，也会反过来提高企业的经营效率。

三是促进税收政策执行效率的提升。企业端税务数字化建设将整体扩展企业税务管理的传统能力，基于数字化管理对于数据应用的全面性、高效率等特征，以及信息系统的计算能力，企业能够在执行政策的同时开展更多的深度分析和预测。无论是从快速执行政策，还是从加强对政策的评估和测算，这两方面都将促进企业更快、更充分地执行政策，从而缩短政策反馈的时间。此外，税收政策同步发挥着对国民经济的政策调节作用，政策反馈更加积极快捷，将有助于制订出更为灵活、更能发挥效果的税收政策。

二、企业税务管理数字化发展状况调研

研究期间，我们调研了 122 家规模型企业（超过半数以上年收入规模超过 10 亿）的税务管理人员，统计部分规模以上型企业税务管理数字化的相关状况。总体调研对象不涉及小微企业。调研具体内容

涉及企业税务管理数字化建设的实践状况，以及税务管理人员的认知感受。

根据调研结果，能够发现国内企业在税务管理数字化领域刚刚起步，不同企业领先的实践各具特点，但同时也具有一些典型的共性特征。整体调研分行业展开，基于本报告篇幅，不分行业进行阐述，只进行整体总结。

（一）对于税务管理环境的认知感受

（1）企业显著感受到监管环境变化对企业税务管理提出了更高的要求。在“对当期的税务监管环境对企业税务管理带来的感受变化”调研题目中，68% 的受访企业税管理者表示“监管日趋严格，管理压力很大”；22% 的受访者表示“有紧有松，个别事项管理压力变大了”；10% 的受访者认为“有紧有松，管理整体没什么难度”；2% 的受访者认为“比较宽松，管理压力变小了”。另外，随着企业规模的增加，认同“监管日趋严格，管理压力很大”的企业占比也在逐步增加，尤其是在资产规模超过 100 亿的企业中，该项比例超过了 75% 。

（2）企业端对于税务征管体制改革、智慧税务和金税四期的建设总体还不够了解。其中有 34% 的受访者表示了解主要内容，其余受访者表示仅了解个别信息，其中更有 12% 的受访者表示完全不了解。没有任何受访者表示比较清楚相关内容。

（3）虽然有一部分企业对征管动向不够了解，但从整体上来看，几乎所有的企业都对征管所发生的变化表示了极大的关注。80% 的受访者关注精准监管、大数据风控的发展；72% 的受访者关注“全电发票”的建设推动；同时，分别有 58% 和 49% 的企业关注电子税务局和精细服务。这也基本符合企业税务管理的职能职责，首先关注合规和政策执行，对于服务的期待在其次。

（二）关于税务管理数字化的建设规划

（1）企业管理者在当前提升税务管理的策略里，已经将税务信息化系统的建设放在关键位置。就提升企业税务管理的方法而言，86%的受访者选择“培养专业人才队伍”，79%的受访者选择“完善内部税务管理制度”，80%的受访者选择“建设税务信息化系统”，有57%的受访者选择“获取更多可靠外部服务”，61%的受访者选择“加强与税务机关合作”。

根据上述结果，可以发现，一是企业在税务管理层面，相比依赖外部服务，更加重视内部管理。二是人和制度等要素在传统税务管理建设中，仍然是关键支撑。尤其是大家都非常重视税务专业人员的核心作用。三是税务系统建设已经成为仅次于人员能力的第二大关键支柱。

（2）税务管理系统建设规划在不同企业中存在分化。在关于企业的税务管理数字化发展的规划调查中，我们看到关于税务管理系统建设有全面规划的受访企业占22%，且偏重分布在规模更大的企业；42%的企业有局部的税务管理系统规划；仍然有36%的企业完全没有该方面规划。

根据调查，80%的企业选择通过建设税务系统来提高税务管理能力，并且大部分企业已经有了初步的规划等安排，然而，其中仍旧有16%的企业虽然认同此观念但尚未开始行动。

（3）对于企业未能开展该领域建设或者认为建设进展不及预期的原因相对多样化。63%的企业受访者选择了“财务人手少，疲于应付日常工作，没有精力”；48%选择了“公司没有足够的专项资金安排”；25%选择了“公司近年纳税不多，领导不够重视”，以及21%选择“公司目前处于亏损阶段，税务管理需求不强”。

问卷结果反映出税务团队缺乏人力资源和其他资源等方面的支持，这也是税务管理领域普遍存在的问题。从人力资源与税务管理数字化之间的关系来看，税务管理数字化的发展需要专业人力资源支持，但是专业人力资源的解放又需要数字化建设来完成。因此，不解决两者之间存在的关键堵点，就难以真正实现税务管理数字化与人力资源的协同发展。

（4）尽管企业开展税务管理数字化建设的原因多种多样，但总体可以归纳为以下几个方面。从反馈结果来看，管理压力在第一层次，98%的受访者认为存在“税务监管的压力”，70%的受访者认为存在“企业内部税务风险管理压力”。内部团队压力在第二层次，45%的受访者认为存在“税务人员流失”的压力，49%的受访者认为存在“缺乏技术工具，效率压力”。此外，还有28%的受访者表示其建设的原因是“要对标同业，跟上先进管理水平”。

（三）当前税务管理数字化实际建设状况和成效

（1）根据对调研范围内的企业当前开展税务管理系统建设情况的统计，其中37%的企业都有所建设。涉及的建设内容以发票的系统化管理为主，其中34%的企业完成了增值税管理的系统建设；13%的企业完成了企业所得税和其他税种管理的系统建设；14%的企业同步建设了风险管理功能；12%的企业还增加建设了统计分析等管理功能。

总体来看，税务管理系统建设的现状反映了企业税务管理的业务需求，相对而言，发票和增值税管理更加需要精细的系统支持，同时也符合当前环境变化要求，通过率先完成增值税系统建设来为全面实现“营改增”提供有力支持。

（2）企业税务管理建设成效迥异。对于已经完成的一些税务管理数字化转型项目建设工作，企业反馈的建设成效并不太理想。只有20%的企业认为“基本达成目标”，没有一家企业选择“超出预期目标”，有51%的企业认为“距离预期目标有差距”，有29%的企业认为“远不及预期”。

总体来看，作为创新发展的新系统建设不及预期存在一定的客观必然性，但同时也反映了此类项目在目标设定和实际建设情况之间存在显著偏离。

（3）为了更好地分析税务管理系统建设预期目标和实际效果偏离的原因，我们细化调研了企业税务管理者认为建设税务数字化过程中存在的难点和痛点问题，并将问卷结果按照认同度的高低进行排序，具体来看：72% 的受访者认同需要解决“税务管理分析工具缺乏”的问题；62% 的受访者认同需要解决“税务人员专业能力不足、变动频繁”的问题；60% 的受访者认同需要解决“税务数据分散不成体系”的问题；59% 的受访者认同需要解决“对税务机关风险预警缺乏预判能力”的问题；51% 的受访者认同需要解决“税务政策理解不到位”的问题；43% 的受访者认同需要解决“各地税收规则不明确不一致”的问题。

对于不同解决难点、痛点问题期望的排序，反馈了企业端对税务管理数字化升级的综合期望，从整体上来看，企业对于税务管理系统建设的目标偏重于内部管理和团队能力的支持。

（4）企业认为未能达成税务管理系统建设预期目标的原因主要有两个。一是企业税务管理的内部原因，主要体现在自身人力资源不足上。二是企业税务管理的外部原因，主要可以归结为环境变化以及外部资源支持无法满足当前税务改革方案的要求。

从问卷结果来看，其中 79% 的企业选择“缺乏内部配合实施的税务人员和科技人员”和“内部相关系统尚不完善，且无法推动其改造”；58% 的企业选择“整体项目规划不够合理”；48% 的企业选择“外部供应商不熟悉税务管理领域需求”；42% 的企业选择“税务管理软件产品与业务需要差距过大”；还有 21% 的企业选择“外部供应商资源投入不足”。

（5）税务数字化转型建设需要多方配合。除了软件系统建设之外，还需要其他领域配合改造和发展，才能达成更好的建设目标。从受访者的反馈情况来看，83% 的受访者认为要“全面梳理税务流程和税务风险，优化改造流程”；77% 的受访者认为要“培养税务数字化人员，设定相关岗位，调整组织职能”；75% 的受访者认为要“推动业务、财务系统涉税相关改造规划”；42% 的受访者认为要“推动税务集中共享模式建设”；39% 的受访者认为要“修订税务管理制度办法”；30% 的受访者认为要“调整税务管理战略”。

总体来看，企业普遍认同业务流程改造以及税务人员数字化转型的重要作用。与此同时，企业还关注了如何积极推动前端改造以及如何进行税务共享等问题，这表明越来越多的企业正在或者将要进行税务管理转型。另外，对制度和战略的修订显著弱化于具体的工作执行，这是因为税务管理的业务内涵和战略目标暂时没有重大变动，因此紧迫性不高。

三、现阶段国内企业税务管理数字化的领先实践

国内部分大型企业高度重视税务管理工作，持续致力于强化自身税务管理能力建设，无论是在业务经营方面还是在企业整体管理方面都体现出行业领先水平。这些企业密切关注征管变化的动向，积极探索新的管理方法，在税务管理数字化领域的探索和实践都卓有成效。为了进一步了解现阶段国内企业在税务管理数字化方面建设的成果，研究期间邀请了多位具有领先实践的企业税务管理者代表进行访谈。我们综合实务界专家反馈的信息，从不同的维度对国内企业税务管理数字化的领先实践原貌进行描述和总结。

（一）集团化企业综合税务管理数字化建设实践

从企业规模来看，多家领先实践企业无论是在行业内还是国内整体企业中都处于前列。对于这类具有一定规模的企业而言，他们的集团化特征都较为显著，比如，基本经营领域覆盖全国；内部组织有大量的分支机构或子公司；部分企业还存在多种经营领域；整体业务情况非常复杂；内部发展并不均衡等。即使这些企业面临着复杂的内部管理要求和严格的外部监管环境，但他们仍然积极创新探索，并在税务管理数字化建设中取得了显著的成效。

从业务功能实现上来看，目前大多数企业已经实现了集中化的整

体纳税主体管理，能够将全集团数千家机构按照统一的税务管理要求进行归集，记录纳税主体的各类关键信息，同时构建成全面线上化的基础管理支撑体系。此外，还有很多企业在探索集中化、自动化的计税和申报管理过程中，实现了部分关键税种的全流程自动化处理。不仅如此，个别地区企业在努力打通申报的最后一环，即直连税务机关完成申报数据报送，从而在整体上大幅提高申报工作效率。还有一部分企业开展了税务风险管理体系的建设探索，在实践中进一步加深了企业税务风险体系的应用理解，实现了一定的落地成效。

这些集团化大型企业除了在应用层面取得了显著的成效之外，更重要的是在税务数字化建设过程中获得了大量关键经验。报告在综合了多位实务界专家观点的基础上总结了下述领先实践经验。

1. 在公司经营层面、战略层面有充分的认识

企业不仅需要从税务业务管理层面，还需要从战略层面，让企业管理者充分认识到税务管理的重要性，认同只有通过提高信息技术能力和加快数字化转型才能推动企业税务管理数字化发展。这种认知有些是基于企业整体数字化转型提出的，有些是直接结合企业税务管理发展的要求提出的，无论因何产生，这样的认识对于税务人员开展相关工作，最终达成领先实践都具有决定性作用。

除了在实践中需要强化战略认识，加快推进部门间的协作也是至关重要的，为了能够提高企业管理层领导的重视程度，使之牵头协调，并在总体上设计推动该项工作，有些专家强调他们将税务管理数字化转型定位成“一把手工程”。因为税务数字化转型不仅涉及税务部门自身，还会涉及业、财、税的联动，需要与业务、财务相互打通、相互融合，才能发挥它最大的效果。

2. 制定高阶规划，明确建设目标

集团型企业情况复杂，要想稳妥完成项目建设，实现建设预期并有序发展，首先要做好顶层规划。税务管理的数字化不只是搭建一套具备多个应用功能的税务系统，更要打造一整套税务管理的生态体系，要将业务、财务、税务融合成为一个主线，重新梳理和构建流

程，打通其中的断点，从而实现税务管理的标准化。因此，有些企业从一开始就确定了标准化、智能化、智慧化的目标，同时制定了一套分步实施的高阶规划与成熟完善的方法论，并以此作为税务数字化管理平台的建设前提。

3. 科学安排阶段建设，务求实效

为了解决集团化企业的复杂业务状况对项目建设的挑战，多数企业都在建设过程中采取了阶段性的建设方案，由易到难逐步完成，确保建设一块、上线应用一块。然而，如何更好地完成阶段规划，也是建设过程中的重点问题。综合实践经验来看，阶段规划需要遵循以下原则：一是先易后难，即先解决逻辑处理清晰、计算方法简单、涉及角色流程单一的内容；二是整体构建，充分考虑集团化企业的整体组织特征，要能够做好基础的全面承载。在这两个原则基础上，还需要考虑业务的紧迫性和投入产出的效率，以此来设计阶段建设的具体内容。

4. 加强基础建设，配合恰当的建设力量

加强税务管理数字化的关键基础建设，才能够保障建设成效。这里的基础包括两方面，一是数据基础，二是人员基础。

数据基础是根本，是税务数字化管理的基础，要有一套完整、准确、标准的数据。对于数字化功能产品而言，如果获取的数据是缺失、错漏的，那么就发挥不出应有的作用与效果。只有在一套标准化、数字化、标签化的数据体系基础上，融合前端业务系统的经营数据、凭证数据、财务数据、报表、报告的数据、纳税申报源数据等，打通业、财、税全流程，消除信息孤岛，才能高效应用税务数字化平台。

人员基础是动力，要同时具备税务专家和技术专家的保障能力。税务数字化平台的功能是否完善强大，用户体验感觉是否良好，主要以新技术的应用程度以及税务专家的经验作为支撑。因此，必须由资深税务专家构建产品方案，联合技术专家进行产品架构设计、底层建设，确保产品具有足够的前瞻性、配置具有灵活性，并充分融入业务经验，有效保障税务数字化平台的正常运行，从而为纳税人提供更加全面的服务。

（二）跨国企业本地化税务管理数字化的实践经验

跨国企业的中国机构在税务管理数字化领域的发展颇具特色。一方面，从全球来看，发达国家企业税务管理的数字化水平远高于国内企业，跨国企业的中国机构不同程度上都需要按照公司全球体系安排执行相关管理要求，天然具备了企业税务管理数字化的一些基础。另一方面，我国税法和征管体系有着鲜明的特色，跨国企业的中国机构基本无法照搬境外企业税务管理的数字化能力来进行国内的税务管理。

从专家介绍的跨国企业国内机构的税务管理数字化实践经验中，可以得到很多值得国内企业借鉴的领先实践。

1. 注重建设过程中的流程优化

国际化企业的国内机构站在全球视野上进行观察，发现在企业税务管理流程上，各国税务机关都在将管理能力不断深化到企业流程中，同时国内亦逐步表现出相同趋势。这就要求企业在税务管理中结合这一趋势，从流程视角做好企业税务管理数字化的建设，在优化流程的基础上加强管理。基于现有的先进实践经验，国内企业需要从以下三个方面进行改进：一是强调优化流程中的低效率低价值环节，交由机器或者通过机器衔接到更有效率的系统完成。二是流程优化要做好标准化体系的构建，尤其是在全球视野下，要结合各国的本地化特点做好本地化的标准体系构建，避免造成混乱和混淆。三是要加强流程中的数据洞察，税务管理的数字化建设天然在税务流程中实现了新的数据积累，要把流程升级中节约下来的税务资源投入到对数据的深度研究和洞察中，从而发挥更好的专业价值。

2. 注重对于科技能力的充分应用

国际企业的整体税务管理贯彻了积极充分应用科技能力的理念。在工作实践层面，一是要积极关注外部科技服务能力，充分利用成熟的外部服务能力，通过业务合作的形式，达成高效且高质量的管理目标；二是要积极关注业务流程的技术优化潜力并不断地进行深入探索，将传统流程用新的技术能力去改造升级；三是要积极关注数据的资产价值，结合自身具有的业务能力，加深对数据的业务价值理解，充分利用数据发掘更多的税务专业价值，例如在专项测算、管理评估、产品设计等层面结合数据应用提出税务建议等。

3. 注重人在税务管理数字化中的转型与发展

国际企业关于人在税务管理数字化中的定位和支持尤其值得关注。税务管理数字化需要人去落地建设，更重要的是需要人持续在数字化形态下发展业务能力。目前，已有的领先实践主要是从以下三个方面来强化人在税务管理数字化转型中的重要地位。一是注重对于人的科技认知能力的培训，让传统的税务人员不断强化信息科技知识，例如学习基本编程语言等，加强对数字化的理解。二是为员工主动采购各类税务数字化工具，加强对于工具的应用能力。包括从全球视野内关注技术工具的应用状况，打开员工视野。三是持续鼓励员工结合日常工作提出税务管理数字化的发展要求和业务设计，通过引导基层创新的方式，在深化员工综合认知的同时，为企业整体发展提出了更多好的想法和方案。

（三）对企业税务管理数字化建设底层业务逻辑的思考

税务管理的数字化建设在国内属于创新领域，但该领域的发展不仅需要不断的实践探索，也需要从理论和业务的底层进行经验总结，沉淀关键逻辑，使其能够更好地指导实践建设。对此，一些领先企业管理者进行了深入思考，在不同的业务领域、从不同方面为企业税务管理数字化提供了行之有效的建议。

1. 税种政策的一体化发展与税务管理数字化的关系

有实务专家通过观察近年来税收政策的变化情况提出，在国家层面，税收政策更多呈现出多税种业、税一体化的特征。在企业层面，税收政策对企业税务管理提出了打通业、财、税一体化的要求。这里的一体化具体来说包括三个方面。一是“增值税计税与会计核算一体化”。增值税的计税过程与会计核算密切相关，每一笔增值税的结果都需要在会计核算中体现。这就要求会计人员要基本具备增值税的业务处理能力，同时也要求税务人员对增值税的管理能够深入至会计核算流程。二是“增值税管理与前端业务一体化”。增值税作为价外税，在企业的经营过程中从源头上即收入环节就发生了分离，这导致了企业经营部门在日常考核过程中对于收入需要按照不含税的口径进行统计，因此在执行相关业务环节时也需要具备精准的税务处理能力，才能够准确地做好内部管理，并且随着税务人员参与度的不断提高，业、税之间的衔接将变得密不可分。三是“增值税和其他税种的一体化”。增值税作为交易环节的关键税种，税率的不同会影响企业的税负率，最终导致企业的利润不同。然而，利润也是企业所得税管理中至关重要的环节，因此想要准确确定企业的纳税义务，就必须要按照新政策中“以票控税”的征管模式对两种税进行协同管理。同时，在印花税、房产税等计税基础的处理中，也涉及对增值税的认定问题。整体来看，由于流转税数字化管理精细程度的提高，与之关联的其他税种管理过程中的精细度也相应提升。

税收政策的一体化发展趋势，要求企业必须一体化的加强管理，一方面要满足一体化管理中最细化的管理要求，另一方面要满足管理对象的统一协同管理，综合来说，就是要实现业、财、税的一体化贯通和精细化管理。而想要在具体实践中达到一体化的目标，就必然需要提高企业当前的信息化能力建设，并逐步将税务要求嵌入会计、业务相关系统中，最终通过系统实现自动化计算和控制。比如，为满足增值税价税分列的要求，改造与收入相关的业务系统，实现会计口径收入与销项税额的自动化核算；为满足增值税进项税抵扣处理的需要，对企业的费用报销相关系统改造升级，明确支出种类及用途、发票具体类型等项目，并由业务部门、业务人员在报销时进行判断和确认。这正是税务管理数字化建设的基本内容。

2. 企业税务管理数字化风险指标体系构建的理论框架

企业税务风险管理体系建设是税务管理发展的必然要求，也是税务管理数字化的基本任务之一。在没有进行税务管理数字化之前，企业对于传统的税务风险管理主要是依赖内部控制体系或者审计体系，对于关键风险点进行控制。随着税务管理数字化的发展，税务机关在税务风险管理能力方面得到了极大提升，但企业端在税务风险管理上的不足却愈发显著。各企业普遍认识到，没有数字化基础，基本无法形成日常化的风险管理能力。

尽管部分领先实践的企业已经开始探索通过应用数字化建设理念构建税务风险管理能力，但总体刚刚起步，现有零星实践也暂未呈现显著效果。

关于企业税务风险管理体系的构建，早在2009年《大企业税务风险管理指引（试行）》中就已经提供了整体框架。但基于数字化基础的企业端税务风险管理体系构建，并没有成熟的理论内容。因此，在实践中很多企业曾提出希望复制税务机关的税务风险管理体系。

总结既往的经验，深入分析企业税务风险管理体系的构建逻辑，第三方实务专家提出了企业税务风险管理体系的独立性定位，并用构建的“T字模型”来展示税企双方的税务数字化风险管理框架。重点强调企业端自身构建的税务风险管理体系与税务机关税务风险管理体系之间的联系与区别，尽管两种体系在具体的税务风险点上可能存在相通之处，但由于数据基础和业务目标不同，因此在本质架构上并不相同。

两者目标相通，税务机关和企业构建税务风险管理体系有一个共同的目标即“确保税务合规，提高纳税遵从”。围绕这个目标，税务机关通过风险评估发现企业税务管理中的主观或非主观的错误处理是税金结果出现错误的主要原因，税企双方对该问题的重视程度是一致的。但是从风险视角来看，双方发现问题的过程并不完全一致。

通过“T字模型”来直观描述整个体系并展示税企双方差异。这里“T”用于描述宏观整体风险数据体系，“T”字中的横笔代表着税务机关掌握的全社会税务申报数据，包括发票、申报表、报送的财务数据等，横向覆盖全社会所有企业。而“T”字中的竖笔代表单一的个体企业从业务经营交易源头开始产生数据，经过业务记录、财务处理、税务处理，最终形成计税结果和纳税申报数据。其中交叉部分即企业上报税务机关数据。目前，税务机关难以掌握企业全局数据，而企业仅是掌握自身的全局数据。在此基础上，双方依赖数据开展风险分析的基本体系存在显著差异。

“T字模型”税务风险数据基础模型的构建，让我们清楚地看到税、企税务风险管理体系的异同，认识到企业端构建税务风险数字化管理能力必须基于自身的数据基础，进行风险指标等内容的设计，才能实现有效的风险评估目标。

部分企业税务管理专家在风险体系的实践过程中总结出同样的经验，他们认为企业是自身全部数据的所有者，而税务机关作为“局内人”，事件中更应该基于业务特征，通过业、财、税关系发掘税务风险。此外，对税务风险的管理还要注重技术手段和专家经验的先进结果，才能达到更好的实践效果。

四、企业端以数治税建设发展中的问题和解决方向

研究期间，本研究团队与实务界专家探讨了企业端“以数治税”建设发展中遇到的关键问题。实务界专家结合前期的实践经验和教训，共同研究提出解决问题促进发展的关键措施。

（一）企业端“以数治税”建设发展中的问题

众多企业遇到的问题虽然具有一定的个性特征，但他们的共性特征却更为显著。究其原因，主要是企业在税务管理数字化领域大多处于起步阶段，面对统一的税收征管环境变化和相同的经济环境变化等

同质性因素时，容易产生相似的问题。本报告对领先实践企业所面临的典型发展问题进行了综合总结，主要有以下几项。

1. 企业内部管理者的理解和认知不足

虽然大多数企业都在整体观念层面认识到企业税务管理数字化建设对实现企业端“以数治税”目标具有重要意义，但除了税务管理人员，大部分企业内部从管理层到执行层，再到其他涉税不同角色，对于税务数字化的认知还不一致。而且不同企业的税务管理人员对该项目的认知也存在差异。

整体来看，有些管理者尚未充分认识到税务管理数字化转型的价值和内涵，有些直接执行者尚未明确理解该项目的具体内容和工作特点，导致其他相关部门的工作人员对税务管理数字化的重视程度产生偏差，从而阻碍了企业税务管理数字化转型。

具体来看，有些管理者将建设的首要目标放在缩减人力、提高效率上，并未考虑税务合规的重要性；有些管理者认为，税务的个性化处理很多，或者各地执行口径差异很大，导致税务管理系统建设无法支持税务管理的要求；有些管理者认为目前人工可以处理相关工作，没有实现数字化管理的必要；有些管理者认为税务机关会做更多的建设，不需要企业再进行建设。

企业税务数字化不仅会涉及企业内部财务部门的财税人员，还会涉及各业务管理部门和相关的涉税人员。管理层的重视对于税务数字化建设意义重大，反之，思想认识不充分、不一致，会严重影响税务数字化的转型发展。

2. 税务管理数字化建设的资源投入不足

企业在缴纳税金之前，首先应考虑的是企业在履行其纳税义务时的成本，相对于增加收入的视角，企业对税务成本的重视程度较低。同时，税务管理数字化的目标也应当优先考虑合规和效率等问题，其次才是价值创造，因为价值创造过程所需的时间相对较长，容易导致企业端在开展该领域建设时，资源配备相对克制或者投放不足。

基于上述原因，即便是大型企业，在税务管理升级发展的资源分配上也会存在许多矛盾，任何企业都希望通过较小的资源投入实现目标，但企业在税务管理数字化转型的过程中会耗费大量资源。虽然税务管理的复杂程度总体上与企业规模成正比，但对于非特大型企业，比如一般大型或者中等规模企业，在处理某些业务时所面临问题的复杂程度与特大型企业较为相似，因而消耗的资源也是巨大的。此外，在税务的数字化建设上，资源投入与企业规模也并非完全正向的线性关系，特别是在企业经济形势不够理想时，企业并不愿意使用大量的资源在内部管理上，从而阻碍了企业税务管理的数字化进程。

3. 税务管理数字化建设的方案工具缺乏

税务数字化转型既涉及产品工具的选择，又涉及完整解决方案的适配。除了特大型企业具备充分的业务和技术团队以及相关的其他配套资源，可以自行开发建设外，大部分企业都需要对接外部供应商，采购标准产品进行应用。

实践中，目前国内市场上针对税务管理数字化建设提供解决方案的供应商数量不多，供应能力也不能完全满足企业的需要。尽管许多传统的外部服务机构在技术应用领域非常成熟，但也存在着缺乏税务专业基础能力的问题。同时，由于该领域的长期建设积累不足，特别是人才的积累和沉淀都较为欠缺，因此，外部服务机构在响应税务管理的复杂情况时，提供的产品和服务就显得有些力不从心，也无法形成具有针对性的税务数字化解决方案。即使联合专业咨询机构，也可能因为双方协同融合不足而无法形成一体化的服务能力。而对于个别具备业务和技术综合能力的服务者，因其品牌知名度不够，销售推广渠道少，暂时也无法形成大规模的整体供给能力。

4. 税务管理数字化建设缺乏监管支持

如前文所述，企业税务管理数字化建设是我国税务数字化建设的有机组成部分，在我国税收征管体系现代化建设的内容中不能缺席。但目前，税务机关着重开展自身建设，尚未充分重视企业端税务管理数字化建设的价值。在某些急需支持的领域，暂未有所作为。

一是暂未实现发票信息的全面开放。发票作为经济活动中收付款项的凭证，具有承载信息量大、应用场景多的优势，在企业管理中发挥着“黏合剂”的作用。然而，目前企业开具或收取的发票，无法获取来自税务机关的全量发票信息，税务机关并没有将全部数据开放给企业，从而大大影响企业税务管理数字化应用成效。

二是暂未实现直连电子税务局报送数据。由于各地税务机关均未开放“税企直联”接口，因此企业管理税务数字化发展仍差“最后一公里”，无法实现企业纳税的一键申报。据测试，如果一键申报打通，与之前相比可以节省申报时间达到 90%，申报准确率可达到 100%。

三是暂未开放税务机关风险评估的要点内容。目前，税务机关反馈至企业的都是税务风险评估的结果。虽然企业端风险评估体系与税务机关存在显著差异，但是对于关键风险点的定位和关注是相通的。公开税务风险点，有利于企业对照改进，从而更好更快的提高纳税遵从度。

（二）解决上述问题的综合建议

针对上述总结的共性问题，结合我国企业税务管理的实际状况，本报告提出以下几方面整体性的解决建议。建议不仅提供给企业税务管理者参考执行，也呈报至监管机关，表达企业端发展的期待，同时还提供给高校教育机构、服务机构等第三方组织，以期综合各方能力解决发展中的关键掣肘。

1. 建议监管机关明确企业税务管理数字化在征管体制改革中的合理定位

在深化征管体制改革的建设道路上，数字税务、智慧税务的建设蓝图正逐步清晰。税务部门在形成税务管理“半环”的同时，也要促进中介、企业形成和完善税务管理的另外“半环”，通过发挥“全电发票”、电子税务局等新技术的“黏合剂”作用，推动税企两端形成面向税收管理的完整闭合“内环”。在此基础上，还需进一步紧密联系相关各方，积极推动面向政府和社会管理的税收管理“外环”

建设，从而形成全社会广义的税务管理“闭环”。

在这条发展路径上，除了税务机关外，企业以及参与企业税务管理数字化建设的服务机构都将发挥重要的作用，同时也必须由参与税收活动的相关人员共同努力，才能够构建完成智慧税务的闭环。没有促进企业税务管理数字化能力的发展，而是单纯的完成税务机关端的建设，希望事前就能够深入企业交易内部进行税务动态监管，这种不切合实际的想法就如同空中楼阁。只有共同建设税、企两端，并在提高各自数字化能力的基础上再进行衔接，才能进一步提高双方的建设速度，实现税企融合协同遵从的深化应用。

从这个层面考虑，建议监管机关从政策层面明确推进企业税务管理数字化建设的重要意义，提出建设世界领先的企业税务管理数字化能力的重大目标，以促进该领域更好、更快发展。

2. 建议构建我国企业税务管理数字化的标准方案

根据领先的建设经验总结，可以发现税务数字化建设需要构建标准数据体系，需要做好整体高阶规划等。当前企业面临的重要问题之一，就是没有成熟的、标准的解决方案。如果企业税务管理具有构建标准解决方案的基础，社会层面又能够构建企业税务管理数字化方向的标准方案体系，这将有利于大幅降低该领域的建设推进成本，大大提高建设转型速度，快速推进应用落地。

参照财政部门会计数字化相关标准体系建设的经验。建议由税务机关发起吸纳企业和各专业社会力量共同参与，设计我国企业税务管理数字化建设的各行业标准体系。标准体系的建设，要充分吸纳前期建设经验，尊重企业税务管理的业务目标特征，以税、企积极融合为原则，设计包括建设路径、数据标准、体系方法等内容的综合体系。

3. 建议积极开展企业税务管理数字化的工作实践

无论政策是否支持企业税务管理数字化，出于满足监管要求和自身发展的需要，企业都应当大力开展该领域的建设实践。虽然企业在税务管理数字化建设中存在自身资源不足、外部支持能力欠缺等多方面问题，但等待和忽视都将无法应对监管的快速变化所带来的挑战，甚至可能由于税务管理能力的滞后，导致更多、更重大的税务风险。

即使有更好的内、外部支持，企业税务管理数字化建设也不是一蹴而就的，在具体执行中需要不断地完善和发展。只有积极迎接新的变化和挑战，主动了解和开展税务管理数字化建设领域的相关工作，才能更好、更快地达成数字化转型发展目标。

在实践过程中，首先要结合自身资源状况客观确定目标，重点在于科学有效地确定可实现目标，不要好高骛远，但也不能太过拘束。其次，合理地选择外部服务机构，一方面，要注重考察税务管理数字化类系统软件与实际业务应用需求的契合程度，以及适应政策变化的能力。另一方面，也要注重考查外部服务机构的专业和技术融合能力，评估其是否能够从数字化层面提供建设支持。最后，在建设过程中要不仅要注重内部人员和外部人员的衔接配合，还要注重专业人员和科技人员的衔接配置。只有系统地考虑上述问题，才能够制订符合企业自身的情况的阶段性目标，达到理想的效果。

4. 建议结合税务管理要求规范税务管理产品

税务管理数字化建设落地过程中，重要的支柱之一就是税务管理系统，各企业结合自身管理需要使用税务管理系统时会有不同的侧重，但核心目标都应该是支持税务管理的数字化升级，支持实现税务管理能力的整体提升。基于此，结合税务管理的业务特征，建议在税务管理系统产品设计中，坚持以下建设原则，以确保目标实现。

一是税务复杂处理原则，要解决计税过程中的复杂计算，而不能只处理简单场景；二是政策适应原则，要适应税务政策更新快、变化频繁的特点；三是功能解耦原则，要支持随企业不同业务发展、不同规模阶段对税务管理灵活应用的需求；四是税务风险管理原则，企业经营过程要贯穿税务风险理念；五是共享管理原则，要适应整体发展趋于集中管理的需要，同时关注与地方税务管理体系的衔接；六是数据安全原则，税务处理要收集业务端、财务端的大量数据，要加强对数据的安全管理和使用。

5. 建议加强税务管理数字化领域的人才培养和储备

目前国内企业税务管理人员总体紧缺，税务管理数字化领域的专业人才更加稀少。随着征管税务数字化及企业税务管理数字化的发展，对应的具备数字化能力的税收人才需求激增，未来税务部门将需要更多既懂税务又懂科技的复合型综合能力人才。

对于企业内部而言，要积极推进本机构税务管理人员的自身升级，提高对于税务管理数字化的整体认识，提出数字化转型发展的人员能力模型。增加数字化领域的培训，推动传统税务人员进行跨学科知识学习。充分调动传统税务人员转型发展的积极性，鼓励税务人员采用科技手段改进自身的工作乃至设计解决方案，大胆地提出发展预期。多措并举实现税务人员自身的数字化转型。

对于专业培养而言，要强化高等院校对税务数字化方向的人才培养，在传统税务专业知识体系培养的基础上，增加数字化领域的培养内容。尤其需要加强理论和实践的结合学习，增强实务操作能力，可以通过对接相关部门、企业，引入实习项目。引进业界有丰富经验的校外导师，通过具体的案例剖析和讲解，使学生能够提前了解企业在进行税务管理数字化转型过程中容易遇到的典型问题以及应对的方法。还可以通过在教学中具体项目的实施来锻炼学生的能力。总而言之，高等院校在培养复合型人才的过程中，不仅要加强对税收业务的教与学，还要增加对数字信息技术的教与学；在培养计划上，不仅要使学生能够掌握税务方面的实务，还要具备一定的数字信息技术实践能力。通过提高学生的综合素质，促进学生的全面发展，为社会提供更多符合未来企业税务管理数字化发展方向的生力军。

附录一

数字经济对我国税制和征管的影响及建议

国家税务总局税收科学研究所课题组

数字经济已经成为我国经济发展的新引擎，也是当前国与国之间竞争的重要领域。与此同时，数字经济正在对我国现行税收制度和税收征管带来新挑战，厘清并回应数字经济究竟有哪些特点，对我国现行税收制度和税收征管有什么影响，如何应对数字经济国际税收规则的变化，如何完善数字经济相关税收制度和税收征管等一系列问题，对于我国数字经济的持续稳定发展，提高数字经济相关企业的国际竞争力，发挥税收治理在国家治理体系中的重要作用至为关键。

一、数字经济的基本特点及规模测算

2021 年，中国国家统计局公布了《数字经济及其核心产业统计分类（2021）》，将数字经济分为数字产业化和产业数字化两个部分。① 该分类为此后我国数字经济核算，包括数字经济税收的统计核算，提供了统一可比的标准、口径和范围。

① 国家统计局．数字经济及其核心产业统计分类（2021）[EB/OL]．(2021－06－03)[2021－11－07]．http：//www.stats.gov.cn/tjgz/tzgb/202106/t20210603_1818129.html.

（一）数字经济的特征

1. 跨境跨区域即时交易

相较于依托线下物理场所的传统经济，数字经济依托于数字技术与网络，交易活动呈现线上化的特点，数字产品与数字服务可以实现跨区域、跨国境流动，突破了传统产业区域、国境的物理边界。

2. 多业态融合

在数字经济时代，数据的流动与共享颠覆了企业传统的经营方式，打破了原有的经营业务范围，构建出业态融合的生态系统。过去需依赖企业才能完成的商业行为，现在自然人也可能独立完成，原有的“企业－员工”雇佣合同制度逐步过渡到“平台－个人”的交易模式，劳动关系从雇佣转向合作。

3. 市场主体自然人比例相对高

互联网平台成为数字经济时代协调和配置资源的基本经济组织，大量自然人通过接入平台获得了直接经营的机会。“平台＋个人”的模式突破了传统生产和消费方式，海量个体组成了数字经济生态系统。在该模式下，网络用户集聚效应凸显，用户规模巨大，且用户结构呈现零散化、微型化、自然人化的趋势。

4. 边际成本低和交易成本低

传统经济扩张到一定规模后，边际成本会逐渐提高，导致边际收益低于边际成本，企业会自然停止规模扩张。在数字经济时代，数字产品可以无限复制，加之数字产品的网络外部性，随着用户的增长，边际成本逐渐趋近于零。由于传统产业数字化叠加商业模式的创新，生产者或服务提供者与消费者之间的信息交流更为畅通，并且几乎不受时间和距离的影响，交易成本也大幅降低。此外，数字经济的经营主体仅需在平台注册即可从事经营，相较于传统的实体经营主体，制度性交易成本和房租等固定成本大幅降低。

5. 无形资产占比高

数字经济企业的一个重要特点是无形资产占比较高。一方面，基于大型数字企业多年的宣传和经营，积累了大量的交易信息，形成了“一家独大”“赢者通吃”的垄断地位，企业商誉价值高。另一方面，数字企业普遍存在轻固定资产、重研发投入的特点，企业利润创造更依靠无形资产投入，相关资产定价难度较大。

（二）中国数字经济的规模及国际比较

1. 中国数字经济的规模

根据中国社会科学院数量经济与技术经济研究所发布的《数字经济蓝皮书：中国数字经济前沿（2021）》，1993～2020年中国数字经济年均增速为16.3%，呈持续快速增长势头。① 中国信息通信研究院发布的《中国数字经济发展白皮书2021》显示，中国数字经济的规模在2020年达到39.2万亿元，占GDP的比重为38.6%。其中，产业数字化对数字经济的主导地位进一步加强，其规模达到31.7万亿元，产业数字化占数字经济的比重高达80.9%，为数字经济持续健康发展输出强劲动力。② 国家税务总局税收科学研究所根据税收数据对数字经济核心产业发展情况进行了定量分析，认为从总体上看，中国数字经济市场规模庞大，截至2020年年底数字经济企业达476.4万户，经济规模突破38.6万亿元，占GDP的比重为38.0%。

2. 全球数字经济的规模

中国信息通信研究院2021年发布的《全球数字经济白皮书》显示，全球数字经济规模在2020年达到32.6万亿美元，同比名义增长3.0%，占GDP比重为43.7%。产业数字化成为数字经济发展的主引擎，占数字经济比重高达84.4%。美国数字经济规模在2020年达到13.6万亿美元，位居世界第一；中国数字经济规模在2020年达到

① 李海舰，蔡跃洲等．数字经济蓝皮书：中国数字经济前沿（2021）[M]．北京：社会科学文献出版社，2021.

② 中国信息通信研究院．中国数字经济发展白皮书2021 [EB/OL]．(2021-04-23) [2021-11-07]．http：//www.caict.ac.cn/kxyj/qwfb/bps/202201/t20220126_396162.htm.

5.4万亿美元，位居世界第二，但中国数字经济规模只有美国数字经济规模的40%，与中国GDP总量相当于美国GDP总量70%强的比例不相称。[①] 总体上看，近年来中国数字经济发展较快，但与美国相比，无论是在绝对规模还是相对规模方面都还有较大的差距。中国数字经济发展还存在后劲不足、核心技术缺乏、自主可控能力相对差等问题。

二、数字经济对我国税制及征管的影响

中国现行税制是根据传统工业经济设计的，在一定程度上存在不适应数字经济高速发展的问题。但数字经济尚未对现行税收制度造成颠覆性冲击。从数字经济对我国现行税制的影响来看，有些问题需要在现有制度基础上进一步明确细化；有些过去不明显的问题随着数字经济规模的不断扩大日益突出，需要从制度上予以研究解决。目前，数字经济对我国税收征管的冲击和挑战，可能比对税制的冲击和挑战更大。

（一）数字经济对现行税制的影响

1. 适用税目、税率的问题

部分数字经济行业凸显多业态融合特征，新模式、新业态层出不穷，这些新模式、新业态往往涉及多种传统业务模式和经济形态的融合，突破了传统意义上的业务范围限制，致使业务边界模糊化，进而容易出现如何适用税目、税率等问题。例如，网络货运平台的运营模式是依托平台为货运方和货主提供第三方撮合服务，在此过程中向货

① 中国信息通信研究院. 全球数字经济白皮书——疫情冲击下的复苏新曙光［EB/OL］.（2021－08－02）［2021－11－07］. http：//www. caict. ac. cn/kxyj/qwfb/bps/202108/t20210802_381484. htm.

运方或货主收取的服务费，应按照经纪代理或信息服务征收增值税，还是应按交通运输服务征收增值税，目前存在一定理论争议。

2. 高附加值数字企业增值税负担相对较重的问题

增值税是按传统工业生产加工流程设计的税制，传统工业生产的特点是购进原材料、生产辅料进行加工生产，再出售给下一个生产环节，经过一系列生产环节后制成品出售给最终消费者。但数字经济企业无形资产的比重一般较大，无形资产附加值较高，固定资产和外购物资较少，增值税进项扣除就较少；另外，数字经济的特点是环节少、人工成本高，增值税进项税额进一步减少（人工成本无进项税额），因而高附加值数字企业的增值税实际税负会较高。目前，我国增值税政策仅解决了软件企业的增值税税负相对过重问题，其他数字经济企业的增值税负担较重的问题还没有得到有效解决。

3. 自然人参与生产经营的相关税收制度问题

根据目前的工商税务管理制度，从事生产、经营都应进行工商税务注册登记，而传统意义上从事生产、经营活动的主体为企业和个体工商户，不包括自然人。由于平台经济的快速发展，海量自然人在平台直播销售货物并未进行工商税务注册登记，对现行市场管理规范产生了挑战。同时，“平台＋个人”的交易模式导致企业与员工的劳动关系逐渐由雇佣转向合作，又对基于雇佣关系的自然人税收制度产生了挑战。

4. 数据资产课税问题

在经济数字化背景下，数据已经成为一种除土地、资本、劳动以外的新型生产要素。相比于传统的有形资产，数据资产具有虚拟性、零成本复制性、边际成本低等特点，能否对数据资产课税、哪些数据资产能被课税、如何确定数据资产的价值，成为对数据资产课税的难题。例如，平台经济下用户通过提供数据或内容的方式参与企业价值创造，根据经济学理论应对该价值课税，但囿于技术，难以精准计算非货币经济权益且海量用户所产生的征税成本极高等困境，尚难以在实践中实现课税的目的。

5. 数字货币课税问题

数字货币具有匿名性、去中心化、兼有金融工具与无形资产混合属性等特点，且价格高度波动，导致其估值问题更加复杂。此外，数字货币的估值还依赖于购买与处置数字货币价格的复杂记录，在纳税人拥有多种数字货币或不同时点多次购买同一虚拟货币的情况下，要求纳税人长期保存数字货币定价信息存在较大的困难。因此，如何估值以及应由谁负责价格记录的保存与计算，是未来对数字货币课税的基础性问题。现阶段，我国对数字货币的税收政策尚未形成体系，迄今为止涉及征税的规定主要是国家税务总局在2008年发布的《关于个人通过网络买卖虚拟货币取得收入征收个人所得税问题的批复》。① 但该文件出台时间较早，所涉及的虚拟货币是传统的虚拟商品，主要应用于游戏的特定场景下，而目前的数字货币与传统虚拟货币在交易范围上存在较大差别，既可以与实体货币开展双向兑换，又可以作为购买商品以及服务的支付手段，交易活动更为复杂，亟待根据数字货币的交易特征制定相应税收政策。

（二）数字经济对中国现行税收征管制度的影响

1. 涉税数据采集和利用缺乏明确的法律依据

在现有税收征管模式下，税务部门对于各类电商平台主体基本可以做到有效税收监管，但对于在各类电商平台开设店铺销售产品和提供服务的经营主体，目前政策只规定直播平台需要向税务部门提供相关信息，对于其他网络经营主体税务部门很难依法获得公司的数据支持，对于这部分企业和自然人的监管较为困难。面对海量自然人，作为合作方的平台企业是否有义务代扣代缴相关税费，亟待出台相关的法律法规予以明确。

---

① 该文件规定：个人通过网络收购玩家的虚拟货币，加价后向他人出售取得的收入，属于应税所得，应按照“财产转让所得”项目计算缴纳个人所得税，财产原值为其收购网络虚拟货币所支付的价款和相关税费，不能提供有关财产原值凭证的，由主管税务机关核定其财产原值。

2. 小微企业和自然人相关税收征管问题

各类数字经济平台中的市场主体绝大多数为自然人和小微企业。在增值税方面，小规模纳税人如果月销售额未超过15万元，可以享受免征增值税政策。但由于许多小规模纳税人在多个平台上经营，如果不掌握其在多个平台上的经营数据，没有按纳税人一户式集成其经营信息，就会形成小规模纳税人在单个平台上经营数额不超过15万元，但在多个平台上经营总额远超15万元，应征增值税的问题。在个人所得税方面，劳务报酬和工资薪金所得同样存在免征额的问题，如果个人在多个平台上经营，也会存在类似增值税的管理问题。

3. 基层税务部门的征管能力与数字经济企业复杂税收业务特征不匹配

在传统经济条件下，跨区域经营、缴税数额大、税收业务较复杂的企业，大多由国家税务总局（千户集团）或省级税务局（重点税源）大企业税收管理部门直接管理。在数字经济条件下，部分跨区域经营、税收业务复杂但缴税数额还不够大的数字企业仍由基层税务部门具体管理，这就造成了基层税务部门税收征管能力与税源复杂状况不匹配的问题。主要表现在如下方面：一是数字经济企业具有跨境或跨区域经营特性，企业注册所在地基层税务部门很难把握其在全国甚至跨境的经营状况；二是数字经济的税源状况更加多样复杂，企业价值创造方式更加隐形和多样化，面对数字经济复杂多样的税源状况，基层税务部门囿于人员知识体系、数据获取范围和分析能力等制约，在税源管理中不易找到抓手；三是对一些复杂的混合经营行为，如何科学区分不同的收入类型，适用不同的税收政策，对于基层税务部门来说也存在一定的难度，同时也容易造成各地适用税收政策不统一的问题。

4. 跨境、跨区域交易冲击属地管理的税收征管原则

我国现行税收管理仍然是以属地原则为主，而平台企业的跨区域经营特征，使得平台企业所在地税务部门或消费地税务部门均缺乏对线上交易行为的有效管控，易形成税收管辖的真空地带。由于线上交

易的隐蔽性、分散性与流动性，平台所在地税务部门因对消费地管辖权的缺失无法对其展开征管活动，而消费地的税务部门因不掌握纳税人经营地址、纳税义务发生时间等交易信息，也难以有效实施管理。

5. 税收与税源相背离的问题

与依托线下物理场所的传统经济相比，数字经济依托于技术与网络，交易活动呈现线上化的特点，消费者可以跨区域或跨境购买商品和服务，数字经济企业无须在消费者所在地设置实体经营场所。按照我国目前的纳税地点确定规则，数字经济经营活动所产生的税收收入将归于数字经济企业注册地，存在类似总部经济的税收积聚效应，即消费者购买商品和服务应在消费地缴纳的相关税收转移到线上平台企业的注册地缴纳。数字经济的快速发展加剧了我国税源的跨区域转移，导致地区间财力不平衡，进一步发展则可能产生地区间财力的马太效应，不利于地区间平衡发展。

三、数字经济引发国际上单边、双边、多边方案并行的复杂局面

面对数字经济带来的税收挑战，OECD 和联合国等国际组织正在研究或已制定相应的方案，旨在从机制上解决数字经济活动引发的税收管辖权或征税权问题；有些数字经济市场国则采取单边税收措施，如征收数字服务税，对跨境数字经济活动实施税收管辖权；作为全球主要的数字经济居民国，美国则为吸引境内企业无形资产相关收益回流，采取了一些有针对性的税收措施。

（一）G20/OECD 的“双支柱”多边解决方案

截至 2021 年 10 月 8 日，G20/OECD 税基侵蚀和利润转移（BEPS）包容性框架下已有 136 个成员就数字经济国际税收“双支柱”规则

多边方案（以下简称“G20/OECD 多边方案”）达成政治共识。原本聚焦解决数字经济税收挑战的多边方案已扩大到适用于几乎所有行业的特大型跨国公司，如果最终实施会在一定程度上改变现有的国际税收规则，并进一步影响各国国内税制。

目前，G20/OECD 多边方案尽管已经达成许多共识，按计划在 2022 年年内完成具体方案的制定，从 2023 年开始生效执行，但目前诸多细节还在谈判过程中。通过 G20/OECD 多边方案，可以使相关国家取消单边措施，有利于改善跨国公司的国际税收经营环境，减少国际税收争端。但由于是多边方案，需要兼顾不同国家（地区）的利益，要从不同国家（地区）的不同利益诉求中找到最大公约数，并最终形成国际公约，因此到了具体细节阶段谈判难度还会加大，谈判的时间可能会比预想的要长。目前，全球有效最低公司税率确定为 15%，其具体的计算标准和例外安排还有待进一步细化。要使各国的实际公司所得税税率计算口径一致，需要单独建立一套各国认可的统一的公司所得税计算标准，进而在一定阶段增加企业遵从成本和税务部门的管理成本。

（二）联合国的双边方案

为了应对数字经济带来的税收挑战，联合国提出了双边解决方案，即通过修订《联合国关于发达国家与发展中国家间避免双重征税的协定范本》（以下简称“联合国范本”）的相关内容，解决数字经济企业跨境服务的税收管辖权或征税权问题。联合国的双边方案只针对数字企业提供的跨境服务，对于其提供的服务收入没有规模限制，只要有收入就可以征税，国家之间通过谈判确定预征税率，并以双边税收协定的方式加以约束。

联合国的双边方案一方面增强了对协定签约国的法律约束力，通过税收协定解决相关问题是传统国际税收规则的应用，规则简单明了，有明确的实现路径；另一方面，由于国与国之间的税收协定需要双方都有意向并通过谈判决定，数字企业居民国不一定愿意让渡税收权益，而且谈判解决问题的时间较长，效率较低；此外，该双边方案对于大型数字企业通过无形资产转让定价等手段转移利润到税率较低的第三国的行为，缺乏有效的针对性措施。相较于 G20/OECD 多边方案，联合国的双边解决方案影响力还不够大。此外，联合国范本相对更加侧重考虑发展中国家的权益，但修订的协定范本推出后，截至 2022 年，还没有相关国家按照新范本签订或修订税收协定。

（三）市场国的单边数字服务税方案

随着数字经济规模的扩大，大型数字经济巨头避税的问题日益突出。一些国家为了维护本国税收权益，开始出台对大型跨国数字企业的毛收入征收数字服务税的单边税收措施。当前，匈牙利、法国、奥地利、意大利、突尼斯、土耳其、印度、英国、波兰、西班牙等国家先后开征了数字服务税或类似的税种，巴西、加拿大、比利时等国家则正在计划开征数字服务税。数字服务税是在现有增值税、企业所得税等税种基础上新设立的一个税种，征税的形式类似传统的服务税（营业税），对毛收入征税且不扣除任何费用，实质相当于企业所得税性质的预提税。

由于在现有国际税收规则体系下，一些市场国对于数字经济企业跨境提供的服务没有管辖权，通过开征数字服务税可以有针对性地对相关跨境服务收入征税，相当于预扣了部分公司所得税，有利于保护本国税收权益。但征收数字服务税是一些国家采取的单边措施，容易引起国家之间的税收争议。如果市场国征收了数字服务税，居民国又不予抵免已征税款，则会加重相关企业负担；如果允许抵免，则会损害居民国的税收权益。

（四）美国的单边方案

为了防止美国本土公司通过无形资产转让定价方式将利润转移至境外，2017 年 12 月通过的美国《减税与就业法案》专门设置了全球无形资产低课税所得规则，对这些公司的境外所得给予税收优惠政策，鼓励其海外公司将超额利润转至美国而不是避税地，同时设置了税基侵蚀税，对美国国内公司支付给境外关联方的特许权使用费等费用额外征税。美国对包括数字经济企业在内的所有企业通过无形资产转让定价避税的问题，采取的是“胡萝卜加大棒”的策略：即对于从境外取得的无形资产超额利润给予税收优惠政策，鼓励美国跨国公司将海外利润汇回美国，同时对来源于低税国家（地区）的超额利润进行补税，以达到防止美国企业规避美国所得税的目的；对于支付给境外公司的特许权使用费则额外征收税基侵蚀税，以防止美国企业通过关联交易，将美国境内的利润转移出境，同时起到鼓励美国企业将无形资产所有权留在美国境内的作用。上述规则进一步增加了美国税法的复杂性，提高了纳税人的遵从成本和税务部门的管理成本。

四、我国应对数字经济税收挑战的对策及建议

对于解决数字经济引发的相关税收问题，我国应遵循“逐步完善税制、强化税收征管、科学划分归属、减少税基侵蚀”的原则，逐步加以应对。

（一）完善税收制度的建议

1. 完善增值税政策

从中长期看，可以结合我国增值税的立法，进一步简并增值税税目和税率，以简化税制，适应多行业融合发展的新趋势。近期可以借鉴国家统计局对数字经济的行业分类，对数字经济企业适用的增值税税目予以详细解释，对适用的增值税税率予以明确，并密切关注新兴业态涌现过程中出现的新产品和新服务，及时明确其适用的税目、税率。对数字经济企业增值税负担相对较高的问题，可通过税收政策的调整、优化来保护和支持数字经济企业的发展。将来，随着数字经济

的进一步发展，鉴于数字经济企业在技术及人力资本投入上与日俱增，应重新审视数字经济的成本构成以及其是否能形成完整的增值税抵扣链条。因此，还可以研究对数字经济从复杂的增值税抵扣计税回归到简单的消费课税的可能性。

2. 完善个人所得税政策

按照简税制、宽税基、提高直接税比重的税制改革方向，积极探索将个人经营所得纳入综合所得，化解当前经营所得与劳务报酬在实际划分时的复杂性。强化劳务报酬所得的代扣代缴，并适当改革扣缴方式，使之与灵活就业人员数量多、单笔金额小的特点更加契合，使多数收入较低的提供劳务的个人免于汇算，同时减轻平台企业个人所得税扣缴负担，减少对灵活就业人员的资金占用，增强纳税人获得感。

3. 研究数据资产要素课税制度

在理论上，应以数据作为征税对象，以数据的财产价值作为税基征收财产税。建议适时建立全国性的数据交易市场，实现数据交易的公开化和市场化，使税务部门了解数据资产交易的真实价格，进而获得可参照的公允市场价格，这是对数据资产课税的前提。

4. 研究虚拟货币交易课税制度

根据我国虚拟货币的发展现状，建议将虚拟货币明确为虚拟资产，明确虚拟货币与法定货币之间的相互兑换不缴纳增值税，但应视同财产转让，需要缴纳所得税。使用虚拟货币获取商品或服务时，应分解成两个行为，即虚拟货币与法定货币的兑换过程，需缴纳所得税；购买商品和服务的行为，应缴纳增值税。

5. 完善促进企业科技创新的税收政策

我国税收政策应进一步精准激励企业加大研发投入。一是针对基础性研究、应用性研究和试验发展投入实行梯度化加计扣除比例政策，对企业基础性研发给予更多的税收优惠政策，将基础性研发投入加计扣除比例提高至100%～150%，通过加计扣除政策的导向性作用，促进不同类别研发项目的均衡发展，激励更多企业加大基础性研究投入。二是实行研发费用税收抵免制度，可根据研发费用的额度按抵免比例计算税收抵免额，从应缴所得税税额中直接扣除。三是针对从事基础性研究及应用性研究的高端人才紧缺问题，可借鉴海南自由贸易港及粤港澳大湾区的个人所得税优惠政策，研究出台全国性的个人所得税优惠政策以及相关配套管理办法，大力引导优秀科研人才在国内聚集，为引进高端和紧缺人才、提升科研实力提供有力支撑。

（二）加强税收征管的建议

1. 依法确定数字平台企业以及自然人的法律义务

应从法律视角优化顶层设计，统筹界定各类数字平台企业以及自然人的权利和义务。建议构建自然人税收征管相关法律框架体系，明确涉税信息提供方的权利、义务和法律责任，增强税务部门的执法权限，将强制执行权扩大到自然人。明确税务部门获取各类经营主体交易数据的权限、内容、程序、方式等内容。针对数字经济尤其是平台经济的特点，制定与经济业态相适宜的专属法律规范，出台系统化的数字经济税收法案，对数字经济涉税问题加以明确、规范、细化，清晰界定税务部门对涉税数据采集和利用的权责以及获取第三方数据的法律依据，实现对在多平台上经营的各类纳税人（含自然人纳税人）的有效精准监管。

2. 建立适应经济新业态的税务登记制度

应坚持以纳税人缴费人为中心的征管改革思想，在对待“平台＋个人”交易模式的思路上，应选择让现行市场管理规范适应经济新业态，而不是让经济新业态适应现行市场管理规范。具体而言，应强化数字平台的监督职责，将自然人税务登记嵌入自然人首次使用平台的注册流程中，将自然人身份证号码视同为纳税识别号，稳步推进以身份证号码为基础的自然人税收主体建设，实现税收征管体系对自然人注册登记即可实时税务登记的全覆盖，以达到对市场主体干扰最小化、监管效能最大化、基层减负最大化的目标。

3. 建立数字平台代扣代缴及向税务部门定时申报特定信息的机制

建议借鉴《网络直播营销管理办法（试行）》，研究制订《网络交易税收管理办法》，确保数字平台经营者履行代扣代缴相关税费的义务，履行对平台内经营者进行信息收集、核验、申报等义务，要求数字平台定期向税务部门提供平台内经营者的涉税信息。对于先前未进行税务登记和工商登记，但月销售收入大于 15 万元的纳税人，一旦其销售额超过增值税的起征点，数字平台应予以重点关注并定时提供经营主体的相关涉税数据。对于个人收入超过综合所得费用扣除标准的个人，也应提供相应的个人收入信息。

4. 加强自然人税收征管

针对自然人跨界经营而导致的所得类型不明问题，应出台相应的税收政策规定，在相关税收法规中，对自然人的纳税人身份、所属税目、计税依据、纳税义务发生时间及纳税期限、纳税地点、税收管辖权等各税收要素进一步明确。另外，要健全自然人税费服务与监管体系，将其自行申报、代扣代缴、代开发票、任职投资、房产与车船等财产登记、跨平台交易与支付等信息进行税收大数据归集，逐步实现自然人税费信息的“一站式”智能归集。

5. 加强数字经济的税收统计分析工作

应探索和建立数字经济税收统计分类标准、统计调查制度等，依法开展数字税收产业调查，理顺工作模式，健全组织机制，稳妥实施数字经济税收统计分析，科学准确地反映数字经济对税收的影响情况，为决策提供参考。

6. 设立专门的数字经济税务管理部门，增强税务部门对数字经济的税收征管能力

针对数字经济企业跨区域经营的特点，税务部门应在现有组织架构和征管模式上进行适当调整改革。建议国家税务总局成立数字经济税收管理司或在大企业税收管理司下设数字经济税收管理处，专门从事数字经济税收征管工作，作为对跨区域经营的数字经济企业进行税收征管的“中枢机构”，统一规划部署全国税务系统数字经济税收征管的相关制度和规范，按数字经济运行模式将税务数字化管理系统延伸到数字经济的各个角落，渗透到税收征管涉及的登记、申报、纳

税、发票和国际税收协调等全部税收征管业务，并负责从业务上指导数字经济税收的相关统计和分析工作。

（三）政府间收入归属划分的建议

数字经济背景下，要解决税收收入与税源相背离的问题，可有两种选择。

第一种选择是改革财政分配机制。数字经济背景下，不同地区的消费者所购买的货物和服务所产生的税收收入溢出至其他地区时，政府间收入归属划分可采用财政转移支付的方式，将各个地区网上零售额和消费额的差值、平台集中度等作为重要参考指标，通过因素法等进行合理计算，最终确定中央财政向消费地专项转移支付的额度，并合理分配地区之间的税收权益。此种分配方法由中央统一征收所有与数字经济相关的税收，采用转移支付的方法将税收收入在各地区之间进行二次分配，可以避免数字经济背景下政府间的横向财政失衡问题。

第二种选择是改革税收分配机制。按照经营主体注册地来划分税收管辖地的政策，已经不完全适用于数字经济的发展。建议按照消费地原则课征增值税，平台企业在申报时可以根据消费者所在地按一定比例预扣一部分增值税给消费者所在地，对于平台上的自然人经营者，其所扣缴的个人所得税也应自动划转给自然人所在地，并探讨将平台企业的利润拿出一部分按各地消费或服务购买额的比例来分配企业所得税。

（四）应对国际税收规则变化的建议

1. 加强理论研究

利用 G20/OECD 多边方案的谈判阶段以及今后的具体实施阶段，积极推进涵盖数字经济等新兴业态的国际税收理论研究，及时跟踪其他国家或地区政府是否愿意和如何通过调整其财税政策和公司所得税税率来提高本辖区有效税率等方面的进展，有针对性地提出中国的解决方案。

2. 做好经济测算

一是测算 G20/OECD 多边方案对中国企业、外商投资流失及可能带来的税收收入降低方面的影响；二是从中国跨国企业集团中选取数家有代表性的企业，自下而上地进行“双支柱”方案对企业税收负担影响的模拟测算；三是测算国外跨国集团在我国的税收负担变化情况。

3. 充分利用“一带一路”税收征管合作机制缓冲影响

我国政府应加强与“一带一路”沿线国家（地区）财税部门的沟通和协调，积极寻求税收方面的协商合作，避免相关国家针对中国大型企业发动不公平竞争调查或强制征税，为我国“走出去”企业争取更公平的竞争环境和更宽松的国际发展环境。

4. 做好国内政策应对

一是可以考虑在《中华人民共和国企业所得税法》中新增机构、场所类型，新增以集团、业务线为单位的应纳税所得额核算方法，完善境外所得税免税法相关规则，新增独立交易原则的补充条款等，对 G20/OECD 多边方案的基本政策元素有所体现，以便后续制定更加详细的操作规定。二是鉴于我国企业所得税优惠政策效应很可能被 G20/OECD 多边方案的最低有效税率所抵消，可以考虑允许企业选择或放弃适用企业所得税相关优惠政策，使实际有效税率高于“支柱二”方案的最低有效税率。三是适时全面清理相关税收优惠政策，进一步提高税收优惠政策的精准度。通过进一步扩大中国消费市场、改善政府服务和监管等措施来优化税收营商环境。四是在适当的时机，可借鉴美国的做法，鼓励中国境内的企业将无形资产的所有权留在中国境内，对境内企业支付给境外关联企业的特许权使用费、服务费和利息，征收类似美国税基侵蚀税的税种。

课题组组长：谭　珩

课题组副组长：李本贵　龚辉文　孙红梅

课题组成员：陈文东　刘和祥　陈雏音　刘同洲

执笔人：刘和祥　陈雏音　刘同洲

附录二

2021年数字税收研究相关文献索引

一、数字经济

[1]“双循环”新发展格局战略背景下产业数字化转型：理论与对策/祝合良，王春娟//财贸经济（京），2021（3）：14－27.

[2]产业政策与中国数字经济行业技术创新/余长林，杨国歌，杜明月//统计研究（京），2021（1）：51－64.

[3]企业数字化转型与资本市场表现：来自股票流动性的经验证据//吴非，胡慧芷，林慧妍，任晓怡//管理世界，2021（7）：130－144.

[4]生产方式数字化转型与适应性创新：数字经济的创新逻辑（五）/谢康，吴瑶，肖静华//北京交通大学学报：社会科学版，2021（5）：1－10.

[5]数据要素的界权、交易和定价研究进展/熊巧琴，汤珂//经济学动态（京），2021（2）：143－158.

[6]数据资产核算研究/李静萍//统计研究（京），2020（11）：3－14.

[7]数字化创新研究的知识结构与拓展方向/谢卫红，李忠顺，李秀敏，马风华//经济管理，2020（12）：184－202.

［8］数字化转型如何影响企业全要素生产率/赵宸宇，王文春，李雪松//财贸经济（京），2021（7）：114 -129.

［9］数字化转型如何助力构建新发展格局：基于新旧动能转换的视角/郑江淮，张睿，陈英武//中国经济学人（京），2021：（3）：2 -23.

［10］数字化转型与企业分工：专业化还是纵向一体化/袁淳，肖土盛，耿春晓，盛誉//中国工业经济（京），2021（9）：137 -155.

［11］数字经济、人口红利下降与中低技能劳动者权益/柏培文，张云//经济研究（京），2021（5）：91 -108.

［12］数字经济的统计界定和产业分类研究/吴翌琳，王天琪//统计研究（京），2021（6）：18 -29.

［13］数字经济分类的国际进展与中国探索/刘伟，许宪春，熊泽泉//财贸经济（京），2021（7）：32 -48.

［14］数字经济学学科体系的构建/戚聿东，褚席//改革（重庆），2021（2）：41 -53.

［15］数字经济中的权力和责任：数据、算法与劳动监控/罗毕·瓦林，邓肯·麦肯//国外社会科学前沿（沪），2021（9）：77 -84.

［16］中国数字经济发展水平及演变测度/王军，朱杰，罗茜//数量经济技术经济研究（京），2021（7）：26 -42.

［17］中国数字经济总量测算问题研究：兼论数字经济与我国经济增长动能转换/彭刚，赵乐新//统计学报（太原），2020（3）：1 -13.

二、数字财政

［1］财政数字化转型与政府公共服务能力建设/王志刚//财政研究（京），2020（10）：19 -30.

[2] 大数据驱动下政府公共服务：创新机制及发展路径/马志敏//经济问题（太原），2020（12）：37－42.

[3] 大数据时代构建人大预算监督新机制研究/王金秀，邓琨//山东财经大学学报（济南），2021（5）：16－24.

[4] 农业数字经济财政投入效率的门限效应/罗浚文//农林经济管理学报（南昌），2021（1）：70－77.

[5] 人工智能、财政职能与经济奇点：基于动态一般均衡模型的模拟分析/肖涵，葛伟//中南财经政法大学学报（武汉），2021（3）：100－112.

[6] 人工智能时代政府数据开放中的预算信息公开/王宏//上海师范大学学报：哲学社会科学版，2021（4）：89－98.

[7] 数值型财政规则：起源、演变与启示/郝宇彪，郭梦洁//经济学家（成都），2021（4）：13－21.

[8] 数字财政：地方实践、理论辨析及转型思考/谢易和，许家瑜，许航敏//地方财政研究（沈阳），2021（4）：14－21.

[9] 数字财政：转型制约因素与全面数字化对策/赵斌，陈成天，孙倩//地方财政研究（沈阳），2020（10）：4－11.

[10] 数字经济下的城乡融合发展财政政策取向研究/樊轶侠//人民论坛·学术前沿（京），2021（1下）：52－58.

[11] 数字经济下以财税体制改革推动扩大内需的思考/樊轶侠//财政监督（武汉），2021（18）：5－10.

[12] 数字经济与财政分权：内在机制与实证检验/张红伟，王莉莉，陈小辉//经济与管理研究（京），2021（7）：76－93.

[13] 数字经济与财政治理的协同发展/李贞，张瑞婷//地方财政研究（沈阳），2021（4）：8－13.

[14] 数字乡村背景下农村基本公共服务发展现状与提升策略/郭美荣，李瑾，马晨//中国软科学（京），2021（7）：13－20.

[15] 我国数字经济发展对地方财政可持续性的影响/邓达，潘光曦，林晓乐//当代财经（南昌），2021（9）：38－52.

［16］新经济数字化金融化趋势与财税体制改革：以构建确定性应对新趋势下的不确定性/刘尚希//地方财政研究（沈阳），2021（4）：4－7，39.

［17］基层财政数字化改革探索：以浙江省A市为例/吴雪芬//地方财政研究（沈阳），2021（4）：35－39.

［18］“2020中国数字财政高峰论坛”专家观点综述/舒亚琦//财政科学（京），2020（12）：149－154.

三、数字税收

［1］“互联网＋”背景下《税收征管法》修订基本理念研究/江燕，李鑫钊，符裔//税务研究（京），2020（10）：73－78.

［2］“数字税”全球治理改革的共识与冲突：基于实验主义治理的解释/贾开，俞晗之//公共行政评论（广州），2021（2）：20－37.

［3］“双支柱”方案将启全球税收治理新篇章/孙红梅//经济参考报（京），2021.10.12.⑧.

［4］“双支柱”国际税收新规则的影响与应对/代志新，高宏宇//中国税务报（京），2021.9.22.B②.

［5］支柱二方案、苹果税案与国际税收规则竞争/邓力平，贺慧健，王智烜//经济与管理评论（济南），2021（4）：18－29.

［6］2020年数字化税收管理与服务研究综述/谢波峰，尹天惠//税务研究（京），2021（4）：50－55.

［7］OECD“双支柱”改革方案之国内应对/高金平//国际税收（京），2020（12）：32－36.

［8］OECD版税收征管3.0：讨论征管数字化转型/燕晓春，吴越，肖思思，赖勤学，梁若莲//中国税务报（京），2021.3.24.B②.

［9］OECD第二支柱中的IIR规则与美国GILTI税制的差异/朱

青//税务研究（京），2021（1）：85-88.

［10］OECD数字税改方案述评：理论阐释、权益衡平与规则建构/曹明星//税务研究（京），2021（6）：77-84.

［11］OECD应对数字经济征税方案及启示/张淑翠//青海金融（西宁），2021（6）：31-34.

［12］OECD支柱二方案：挑战与应对/崔晓静，刘渊//国际税收（京），2021（9）：51-64.

［13］拜登执政后OECD框架下数字服务税谈判前景展望/周念利，王达//亚太经济（福州），2021（3）：47-53.

［14］大数据驱动下税收治理创新的理论基础与未来发展趋势/王伟域，辛浩//税务与经济（长春），2021（5）：34-41.

［15］大数据时代高净值人群税收风险管理初探/李菁//国际税收（京），2021（3）：77-封3.

［16］大数据时代我国税收信用的四维向度与体系建设研究/秦书亚，王善君，石健//潍坊学院学报，2020（5）：20-25.

［17］大数据时代下推进税收征管改革的研究/孙金泉//发展研究（福州），2021（1）：66-73.

［18］大数据税收征管降低了股价崩盘风险吗?：基于“金税三期”的准自然实验/徐捍军//上海财经大学学报：哲学社会科学版，2021（2）：93-107.

［19］大数据税收征管如何影响企业盈余管理?：基于“金税三期”准自然实验的证据/孙雪娇，翟淑萍，于苏//会计研究（京），2021（1）：67-81.

［20］第三方共享经济平台税收治理研究/孙正，杨素，梁展硕//税务研究（京），2021（8）：65-70.

［21］电子商务税收流失敏捷治理：研究议程与行动框架/侯志峰，韩红英//兰州财经大学学报，2021（4）：110-117.

［22］电子商务税收征管运行机制及其优化/李明修，张武军，王妍//地方财政研究（沈阳），2020（8）：57-64.

［23］关于运用大数据推进税收治理现代化的思考/王葛杨//税务研究（京），2020（11）：140－143.

［24］规范和激励：平台经济税收征管研究/郑洁，程可//税务研究（京），2021（8）：71－76.

［25］国际视野下数字服务税研究/沈梦媛//山西财政税务专科学校学报（太原），2021（2）：15－20.

［26］国际税收政策的世纪选择与未来出路/廖体忠//国际税收（京），2021（2）：3－11.

［27］国际有效最低税：对全球反税基侵蚀提案（支柱二）的分析/（德）约阿希姆·恩利施著；刘奇超，沈涛，肖畅译；任雪丽校//海关与经贸研究（沪），2021（4）：90－108.

［28］后疫情时代的数字型税务机关建设/曹阳，张巍，李涛//地方财政研究（沈阳），2021（4）：30－34，76.

［29］货币扩张、虚拟经济发展与税收增长/张丽微//东岳论丛（济南），2021（4）：46－53.

［30］基于OECD双支柱框架的我国数字经济税收挑战与应对/林美辰//财政科学（京），2021（5）：66－75.

［31］基于集成理念的大数据时代税收风险管理探析/颜宝铜//税务研究（京），2021（7）：98－103.

［32］基于区块链的税收协同共治研究：以武汉市“区块链＋不动产”税收治理项目为例/辛浩，王伟域//税收经济研究（扬州），2021（2）：9－15.

［33］基于区块链技术的个人所得税第三方涉税信息共享机制研究/王丽叶，储德银//长春大学学报：社会科学版，2021（9）：24－32.

［34］基于区块链技术的税收治理现代化路径选择/王伟域，孙凯，辛浩//财政监督（武汉），2020（20）：79－85.

［35］基于数字化视角推进税费服务现代化的思考/黄英//税务研究（京），2021（7）：133－136.

［36］加密货币属性认定及其相关税务处理探析：以比特币为例/XuWang，邬展霞//税务研究（京），2020（12）：136－139.

［37］建立基于“税务云＋税务链”的信息化架构体系研究：兼论“金税四期”的技术与业务架构/国家税务总局深圳市税务局课题组//财经智库（京），2021（3）：44－60.

［38］经济数字化背景下跨境营业利润征税规则改革的困境与解决思路：基于博弈论视角的分析/王劲杨//税收经济研究（扬州），2021（1）：82－90.

［39］经济数字化下以数治税的创新路径/孟姝彤//湖南税务高等专科学校学报（长沙），2021（4）：22－27.

［40］经济数字化重塑国际税制新框架/刘奇超，沈涛//中国财经报（京），2021.7.6.⑧.

［41］跨境 B2C 数字化交易增值税课税的困境与出路：对 OECD《国际增值税指南》政策建议的检思/宫廷//国际税收（京），2021（3）：25－35.

［42］跨境电商税收管理中逆向选择风险的防范探讨/陆兴凤，朱为群//西南金融（成都），2020（12）：87－96.

［43］跨境经济数字化与国际税收规则变局/霍军//税务研究（京），2021（8）：77－83.

［44］跨境数字服务税的最新进展与应对/陈继明，贺聪，陈一稀，魏博文//金融纵横（南京），2021（7）：17－22.

［45］跨境数字交易增值税管辖规则的国际比较研究/郑洁燕//国际税收（京），2021（3）：18－24.

［46］跨境数字交易增值税制度国际实践、共性分析及启示/陈勃//财政科学（京），2021（1）：137－143.

［47］跨境数字经济下我国税收征管面临的挑战与应对/邹权//湖南税务高等专科学校学报（长沙），2021（4）：28－34.

［48］跨境直接电子商务税收征管国际比较与借鉴/张羽瑶，宗冉冉//国际税收（京），2020（11）：75－79.

［49］论《双支持框架协议》立法目的之变动与影响/朱晓丹，曹港珊//国际税收（京），2021（9）：43－50.

［50］论去计算交易所得的国际税收管辖权/徐海燕//国际税收（京），2021（1）：57－66.

［51］论数据交易的征税理据/周坤琳，李悦//税收经济研究（扬州），2020（6）：78－84.

［52］论数字经济挑战下的企业所得税制度回应/陈勃//税收经济研究（扬州），2020（5）：7－14.

［53］欧盟加密货币的增值税问题研究及其引申/茉莉·科尔曼，刘奇超，吴芳蓓//国际税收（京），2021（6）：38－47.

［54］欧盟视域下在线平台中个人数据的增值税处理/科尔曼·茉莉，刘奇超//税务与经济（长春），2021（1）：1－13.

［55］欧盟数字税协调及影响分析/高以晴//海南金融（海口），2021（7）：42－49，87.

［56］平衡、融合、效能：构建智慧税务生态系统/刘运毛//税收经济研究（扬州），2021（3）：52－60.

［57］平台经济的税收治理难点与治理方略/蔡昌，马燕妮，刘万敏//财会月刊（武汉），2020（21）：120－127.

［58］平台经济发展再审视：垄断与数字税新挑战/周文，韩文龙//中国社会科学（京），2021（3）：103－118.

［59］平台经济下个人所得税纳税遵从研究：基于信息不对称的视角/周克清，郑皓月//税务研究（京），2021（1）：67－72.

［60］浅析数智时代个人得税征收管理面临的挑战/任文艳//西部财会（西安），2021（8）：18－20.

［61］区块链赋能数据资产确权与税收治理/蔡昌，赵艳艳，李梦娟//税务研究（京），2021（7）：90－97.

［62］区块链赋能税收征管与税务筹划的动态博弈/谢清华，周志勇//税务与经济（长春），2021（4）：40－47.

［63］区块链技术驱动税收征管创新的路径与对策/王娟//税务

与经济（长春），2020（6）：99－104.

［64］区块链技术应用于增值税征管的国际借鉴研究/万兴//国际税收（京），2021（5）：75－封3.

［65］区块链技术在税收管理领域的应用/董丽娟//地方财政研究（沈阳），2020（12）：73－77.

［66］区块链技术在税务共享领域的应用研究/胡启磊//会计之友（太原），2021（11）：150－156.

［67］区块链技术重塑税收征管系统实现路径探究/周建厂//经济体制改革（成都），2021（1）：150－157.

［68］区块链视角下纳税人税收遵从问题探析/梁学平，樊睿//税收经济研究（扬州），2021（2）：1－8.

［69］全球化与国际税收改革/廖体忠//国际税收（京），2021（8）：3－13.

［70］全球数字服务税的演进动态与中国的应对策略/邵军，杨丹辉//国际经济评论（京），2021（3）：121－136.

［71］全球数字服务税发展态势与应对策略研究/苗龙，郑学党//财经理论与实践（长沙），2021（2）：90－97.

［72］全球数字服务税分歧、博弈及对我国的初步建议/李芳芳，潘力铭//工信财经科技（京），2021（1）：31－39.

［73］全球数字服务税制度发展现状与争议及对我国的启示/袁慧//中国物价（京），2021（8）：29－32.

［74］全球数字经济税收的探索和发展以及我国的应对/朱惠涵，谭旻，陈畅，张鹏飞//科学发展（沪），2021（5）：49－58.

［75］全球数字税发展进程、特征与趋势及中国立场/张秀青，赵雪妍//全球化（京），2021（4）：44－56.

［76］人工智能技术提升我国税收征管能力分析/李惠芹，钟群//黑龙江工业学院学报：综合版（鸡西），2020（12）：49－53.

［77］人工智能助力税收管理数字化转型的对策分析/倪娟，李彦璋，周睿//税务研究（京），2021（4）：92－96.

［78］日本税制改革助推经济数字化转型的实践/李清如//中国社会科学报（京），2020. 12. 2. ③.

［79］如何理解“双支柱”下的国际税收新规则/朱青//中国税务报（京），2021. 7. 7. B①.

［80］如何理解拜登的增税计划与 OECD 的“双支柱”方案/朱青//中国税务报（京），2021. 5. 12. B①.

［81］陕西省数字经济高质量发展路径：基于税收视角/国家税务总局铜川市税务局课题组//西部财会（西安），2021（4）：12 - 14.

［82］深化以数治税应用，强化税收风险防控/胡立文//税务研究（京），2021（6）：12 - 17.

［83］深入研究数字经济，高质量推进税收治理现代化：“数字经济与税收治理”学术研讨会在海口成功举办/齐烨//税务研究（京），2020（10）：142 - 143.

［84］试析法国对美数字税之争的策略/赵永升，吕一彤//现代国际关系（京），2021（9）：36 - 43.

［85］数据化税收征管中纳税人信息保护问题研究/陈茹//山西财政税务专科学校学报（太原），2020（6）：23 - 27.

［86］数字变革中的不确定概念与税收立法的精细化应对/吕铖钢，洪阳蕾，杨叶凡//地方财政研究（沈阳），2021（9）：12 - 20.

［87］数字服务课税模式比较研究及其启示/樊轶侠，王卿//财政研究（京），2020（12）：92 - 102.

［88］数字服务税：发展趋向、实践分析、中国方案/任静//生产力研究（太原），2021（7）：119 - 122.

［89］数字服务税：内容、挑战与中国应对/陈镜先，周全林//当代财经（南昌），2021（4）：28 - 38.

［90］数字服务税；起源、发展现状、开征困境/罗敏，左上菲//生产力研究（太原），2021（3）：48 - 51.

［91］数字服务税的实践进展及其引发的争议与反思/龚辉文//

税务研究（京），2021（1）：39－46.

［92］数字服务税的制度实践及其效应研究/崔景华，李浩研//税务研究（京），2020（11）：76－82.

［93］数字服务税对企业的影响及我国的应对/宋丽颖，魏佳雯//税务研究（京），2021（3）：72－78.

［94］数字服务税改革的制度挑战及政策启示：基于数字经济的背景/杨群，任静//生产力研究（太原），2021（9）：105－108.

［95］数字国际税收治理挑战巨大中国如何积极应对/蔡昌//中国财经报（京），2020. 12. 15. ⑧.

［96］数字化时代的税收治理：透明、信任和技术/杰弗里·欧文斯著；陈新译//国际税收（京），2021（6）：34－37.

［97］数字化视角下税收治理的对策研究：以跨境电子商务为例/潘岑欣，侯冰，周琳//改革与开放（南京），2021（1）：17－21.

［98］数字加密货币征税探究/胡耕通，齐淑芳//财会通讯（武汉），2021（10）：168－172.

［99］数字经济、价值创造和财富分配/张志勇，励贺林//国际税收（京），2021（9）：3－14.

［100］数字经济、跨境税收征管与国际税收秩序重塑/何湾//地方财政研究（沈阳），2021（8）：63－68.

［101］数字经济、税收冲击与税收治理变革/马洪范，胥玲，刘国平//税务研究（京），2021（4）：84－91.

［102］数字经济、税收管辖与增值税改革/樊勇，邵琪//国际税收（京），2021（3）：11－17.

［103］数字经济背景下的国际税收规则/帕斯卡·圣塔曼，梅琳达·布朗著；陈新译//国际税收（京），2020（12）：19－25.

［104］数字经济背景下的税收规则变革/赵君怡//湖南税务高等专科学校学报（长沙），2021（3）：3－7.

［105］数字经济背景下电子商务税收稽征问题探讨/姚震宇，李锐//中国农业会计（京），2021（7）：15－18.

［106］数字经济背景下数字服务税制度分析/张璐娴//山西财政税务专科学校学报（太原），2021（2）：3－8.

［107］数字经济背景下税收征管实践、挑战及其完善/胡耘通，袁其梦//地方财政研究（沈阳），2021（4）：22－29.

［108］数字经济背景下税务人员执法能力转型的路径/韩龙河//税务与经济（长春），2021（5）：1－8.

［109］数字经济背景下我国税收面临的挑战与应对/冯守东，王爱清//税务研究（京），2021（3）：79－83.

［110］数字经济背景下英国数字税制度分析与启示/寇韵棋//湖南税务高等专科学校学报（长沙），2020（6）：12－18.

［111］数字经济背景下转让定价税制完善研究/冯炳纯，邬小霞//天津商务职业学院学报，2021（1）：21－30.

［112］数字经济的挑战与应对：基于财税、法律与公共管理的视角：第二届中波财税前沿论坛综述/李永刚//上海立信会计金融学院学报，2020（3）：101－110.

［113］数字经济对地方政府税收收入影响的实证研究/艾华，徐绮爽，王宝顺//税务研究（京），2021（8）：107－112.

［114］数字经济对企业税收遵从的影响及对策/王丽娜//国际税收（京），2020（12）：59－63.

［115］数字经济对税收治理转型的影响与对策：基于政治经济学和治理理论分析视角/杨庆//税务研究（京），2020（10）：56－62.

［116］数字经济对税制与税收划分的影响：一个分析框架：兼论税收改革的核心命题/王雍君//税务研究（京），2020（11）：67－75.

［117］数字经济对粤港澳大湾区税收协调的挑战与应对/孙亚平，高艳荣，何邓娇//财会月刊（武汉），2021（9）：142－148.

［118］数字经济发展以我国税收征管的挑战与应对/张俊伟，尤梦莹，黎昕奕//中国财政（京），2021（18）：59－61.

［119］数字经济公平征税的若干问题探析/张巍，郭墨∥税务研究（京），2021（2）：49－54.

［120］数字经济国际税收规则变革趋势与中国应对举措/郑佩燕，刘军∥财政科学（京），2021（3）：55－62.

［121］数字经济国内税法改革实践、启示及应对/柳东梅∥财会月刊（武汉），2021（8）：147－153.

［122］数字经济跨境课税之“双支柱”方案的创新、影响及应对/郝东杰，陈双专∥税务研究（京），2020（11）：100－107.

［123］数字经济企业的减税降费效应分析：以深圳市为例/沈思，刘文龙∥税收经济研究（扬州），2021（3）：33－43.

［124］数字经济全球税收治理内卷化表征、根源与破局/毛恩荣，周志波∥宏观经济研究（京），2021（8）：28－47，114.

［125］数字经济时代的区际税收挑战：成因与应对路径/毛彦∥财政科学（京），2021（5）：56－65.

［126］数字经济税收征管离中国还有多远？/李鑫∥无锡商业职业技术学院学报，2021（4）：12－18.

［127］数字经济税收治理：完善法律保障，搭建共治平台/万莹∥中国税务报（京），2021.8.18.B②.

［128］数字经济税收转移：机制、现状及国际经验借鉴/袁从帅，赵好婕∥国际税收（京），2021（9）：65－72.

［129］数字经济所得课税国际规则制定的最新进展及中国应对/邱冬梅∥税务研究（京），2020（10）：63－72.

［130］数字经济下国际税收规则的变革动向及展望/黄明林∥经济研究参考（京），2020（13）：115－128.

［131］数字经济下跨境服务增值税制度的国际借鉴及启示/莫丽琼∥湖南税务高等专科学校学报（长沙），2020（6）：19－23.

［132］数字经济下跨境税收征管问题及路径选择/彭敏娇，袁娇，王敏∥国际税收（京），2021（6）：75－封3.

［133］数字经济下税收管辖权划分研究：基于数据资产权属转

移的视角/辛浩//税收经济研究（扬州），2020（4）：71 –79.

［134］数字经济下特许权使用费跨境征税难题及解决思路/靳东升，权锐//国际税收（京），2020（11）：36 –40.

［135］数字经济征税的现实困境、国际比较与政策建议/李辉，张成//经济体制改革（成都），2021（2）：167 –172.

［136］数字经济征税规则：基于 GoDaddy 特许权使用费跨境交易税案/蔡昌，孟子茜，李梦娟//财会月刊（武汉），2021（12）：138 –145.

［137］数字经济转型与税制结构变动/蒋震，苏京春，杨金亮//经济学动态（京），2021（5）：115 –128.

［138］数字平台垄断及风险行为分析/郭天序//地方财政研究（沈阳），2021（7）：89 –96.

［139］数字普惠金融对地方税收影响的实证研究/梁晓琴//审计与经济研究（南京），2020（5）：96 –104.

［140］数字时代税收治理的机理、要素与优化路径/刘峰//税收经济研究（扬州），2020（5）：39 –44.

［141］数字税对跨境数字贸易的影响及政策建议/戴慧//中国发展观察（京），2021（14）：27 –30.

［142］数字税国际趋势下我国应对策略分析/课题组//华北金融（津），2021（4）：88 –94.

［143］数字税立法：原理依循与价值引领/张守文//税务研究（京），2021（1）：31 –38.

［144］数字税征管的国际经验、现实挑战与策略选择/白彦锋，岳童//改革（重庆），2021（2）：69 –80.

［145］数字税征收对我国的影响及应对建议/张伟佳//北京经济管理职业学院学报，2021（2）：11 –18.

［146］数字治理背景下的个人所得税制度完善研究/孙玉栋，庞伟//中国特色社会主义研究（京），2021（2）：63 –70.

［147］数字资产的国际税收治理研究/蔡昌，赵艳艳，李艳红//

国际税收（京），2020（11）：27－35.

［148］数字资产税征收的国际实践与我国的政策建议/杨志勇//经济纵横（长春），2020（11）：102－110.

［149］税收数据治理需要更完备的制度供给/周洪波//中国税务报（京），2021.4.21.B③.

［150］税务人工智能的中国进程：基于税法理论的框架性讨论/吕铖钢//现代经济探讨（南京），2021（1）：122－126.

［151］税务数据资产的概念、定位及其法律完善/王桦宇，连宸弘//税务研究（京），2020（12）：53－60.

［152］税务智能咨询服务系统国际比较研究/肖红梅，朱杰，王超，王海若//国际税收（京），2021（3）：69－76.

［153］挑战与应对：数字经济下的税收管辖问题/樊勇，邵琪//中国税务报（京），2021.5.12.B①.

［154］为数字经济发展提供良好的税制环境/蔡昌//中国税务报（京），2021.8.25.B①.

［155］我国共享经济税收治理的优化研究/高悦，孙正//税收经济研究（扬州），2021（3）：81－87.

［156］我国数字经济税收问题探析/苍岚，张淑翠，张厚明//中国国情国力（京），2021（8）：14－18.

［157］我国应对数字服务税的内在困境与破解之道/陈岱松，蔡丽楠//税务与经济（长春），2021（2）：18－25.

［158］向数字巨头征税的新税制之三种制度安排：比较法视野下的分析/梅桢//税务与经济（长春），2021（2）：26－33.

［159］虚拟常设机构原则在课税权判断中的应用：基于经济存在的数字化发展/陈艺婧//税务研究（京），2021（2）：89－93.

［160］亚洲国家数字服务课税的实践比较研究：以印度与新加坡为例/方铸，王成展，王敏//财政科学（京），2021（6）：124－134.

［161］引入“价值创造”是锦上添花还是有心无力？/洪菡珑//

国际税收（京），2021（2）：48－56.

［162］应对数字经济的挑战：从生产增值税到消费生产税/王卫军，朱长胜//税务研究（京），2020（12）：61－67.

［163］英国数字服务税：立法实践与制度剖析/吴佩瑶//海南金融（海口），2020（9）：38－46.

［164］英国增值税法中税基评估问题探析/杨小强，郭馨//国际税收（京），2021（3）：43－51.

［165］拥抱未来：对数字化时代税收征管改革的理解与展望/卢奕//国际税收（京），2021（10）：27－32.

［166］优化营商环境视域下网络虚拟交易的税法因应/茅孝军//税务与经济（长春），2021（1）：50－57.

［167］运用大数据推动税收监管创新的思考/李平//国际税收（京），2020（12）：54－58.

［168］在供需利润观基础上重构数字经济时代的国际税收秩序/廖益新//税务研究（京），2021（5）：17－30.

［169］扎实推进新时代税务信息化建设的实践与思考/吴紫骊//税务研究（京），2020（11）：62－66.

［170］智慧税务背景下大企业税收征管问题研究/刘兴文，周泉//税务研究（京），2021（8）：135－139.

［171］智慧税务的发展趋势和路径选择/张二平//中国税务报（京），2021.3.17. B③.

［172］智慧税务的实践现状和发展探索/谢波峰，尹天惠//国际税收（京），2021（10）：21－26.

［173］中国—东盟数字商务税收征管合作机制的探讨/王敏，董琦，袁娇//税务研究（京），2021（4）：97－103.

参 考 文 献

[1] 艾华，王佳琳，庄佳强．支柱二规则对我国的影响及企业所得税应对措施［J］．税务研究，2022（04）：42－47.

[2] 艾华，徐绮爽，王宝顺．数字经济对地方政府税收收入影响的实证研究［J］．税务研究，2021（08）：107－112.

[3] 蔡昌，赵艳艳，李艳红．数字资产的国际税收治理研究．国际税收，2020（11）：27－35.

[4] 蔡昌，赵艳艳．数字经济发展带来的税收难题［J］．中国财政，2019（18）：34－35.

[5] 蔡跃洲．数字经济的增加值及贡献度测算：历史沿革、理论基础与方法框架［J］．求是学刊，2018，45（05）：65－71.

[6] 曹明星．OECD 数字税改方案述评：理论阐释、权益衡平与规则建构．税务研究，2021（06）：77－84.

[7] 陈益刊．全球税改再进一步，最低税率锁定［EB/OL］．（2021－10－10）［2022－03－02］．https：//www. yicai. com/news/101192887. html.

[8] 陈筠，傅彤，许昕羽．源泉扣缴税收征管模式在电子商务中的应用初探［J］．税务研究，2019（02）：96－100.

[9] 代志新，高宏宇．“双支柱”国际税收　新规则的影响与应对［N］．中国税务报，2021－09－22（06）.

[10] 邓伟．数据课税理论与制度选择［J］．税务研究，2021

(01)：47－53.

［11］丁一凡．设“全球最低企业税率”，行得通吗［EB/OL］.(2021－04－30)［2022－03－02］. https：//opinion. huanqiu. com/article/42vNHpfoieO.

［12］董蕾，王向东．数字经济下 C2C 电子商务课税的挑战与对策［J］. 税务研究，2019（09）：90－94.

［13］董蕾，先潇潇，王向东．机构改革背景下税收征管模式转型［J］. 税务与经济，2019（03）：91－94.

［14］杜莉．支柱二全球反税基侵蚀立法模板解读与实施难点分析［J］. 税务研究，2022（3）：65－72.

［15］杜涛．OECD 双支柱 136 个国家批准哪些国家受益？中国企业该如何应对？［N］. 经济观察报，2021－10－14.

［16］樊轶侠，王卿．经济数字化背景下国际税收规则发展——对 OECD“统一方法”的解读与研究［J］. 税务研究，2020（06）：79－85.

［17］范锰杰．我国共享经济税收治理的挑战与应对［J］. 税务研究，2021（01）：139－143.

［18］方铸，王成展，王敏．亚洲国家数字服务课税的实践比较研究——以印度与新加坡为例［J］. 财政科学，2021（06）：124－134.

［19］冯守东，王爱清．数字经济背景下我国税收面临的挑战与应对［J］. 税务研究，2021（03）：79－83.

［20］付美华．法国数字税的壁垒效应及其对中国的启示［J］. 对外经贸实务，2021（4）：52－55.

［21］傅靖．关于数据的可税性研究［J］. 税务研究，2020（08）：54－61.

［22］高金平．“以数治税”背景下加强税收风险管理的若干建议．税务研究，2021（10）：127－132.

［23］国家税务总局青岛市税务局课题组，史育红．数字经济的

特征与税收应对［J］. 税收经济研究，2022，27（01）：47－52.

［24］国家税务总局新疆维吾尔自治区税务局，新疆国际税收研究会课题组. 国际国内两手抓　应对数字经济税收挑战［N］. 中国税务报，2021－12－15（06）.

［25］韩霖，叶琼微. OECD“双支柱”方案的方方面面：规则制定者视角的解析——专访OECD税收政策与管理中心主任帕斯卡·圣塔曼［J］. 国际税收，2022（02）：9－12.

［26］郝东杰，陈双专. 数字经济跨境课税之“双支柱”方案的创新、影响及应对［J］. 税务研究，2020（11）：100－107.

［27］浩飞龙，关皓明，王士君. 中国城市电子商务发展水平空间分布特征及影响因素［J］. 经济地理，2016，36（02）：1－10.

［28］何杨，陈琍，刘金科. 经济数字化的所得税挑战与中国应对策略［J］. 财政科学，2019（02）：20－27.

［29］何杨，陈琍. 经济数字化的税收挑战［J］. 中国财政，2019（18）：17－19.

［30］侯思捷，刘怡. 应对经济数字化挑战的国际税收规则演进：市场国和新联结度［J］. 国际税收，2020（09）：29－33.

［31］胡连强，杨霆钧，张恒，李海燕. 基于数字经济的税收征管探讨［J］. 税务研究，2019（05）：119－122.

［32］江燕，李鑫钊，符裔. “互联网＋”背景下《税收征管法》修订基本理念研究［J］. 税务研究，2020（10）：73－78.

［33］姜跃生，姜奕然. 过程、要害及对策：对OECD统一方法支柱一方案的分析与透视（下）［J］. 国际税收，2021（02）：35－47.

［34］姜跃生. 透视全球最低税的六个角度［J］. 国际税收，2021（08）：14－26.

［35］金芷丹. 数字经济环境下常设机构的认定标准［J］. 现代经济信息，2020（07）：127，129.

［36］康拉德·特雷，池澄，王俪儿. BEPS 2.0时代来临：“双支柱”方案对五大关键领域的深远影响［J］. 国际税收，2022（02）：

13－23.

［37］励贺林，姚丽．国际税制双支柱方案进程与美国的影子［EB/OL］．（2021－10－17）［2022－03－02］. https：//www. yicai. com/news/101200294. html.

［38］励贺林，文悦逸，于红．支柱一收入来源地规则制定进展及方向［J］. 国际税收，2022（04）：35－41.

［39］励贺林．于红．姚丽．支柱二全球最低税的规则竞争性认识［J］. 税务研究，2022（03）：73－78.

［40］刘丽，陈高桦．OECD“双支柱”改革方案研究及其对中国的影响分析［J］. 国际税收，2020（8）：14－23.

［41］刘丽，陈高桦．OECD“双支柱”改革方案研究及其对中国的影响分析［J］. 国际税收，2020（08）：14－23.

［42］刘奇超．论全球反税基侵蚀方案的规则设计：一个观点综述［J］. 国际税收，2020.

［43］刘怡，张宁川．消费地原则与增值税收入地区间横向分享［J］. 税务研究，2016（12）.

［44］刘怡，赵煦风．以税收分享制度改革促消费增长［J］. 学习与探索，2021（04）：86－93，178.

［45］刘禹君．促进数字经济发展的税收政策研究［J］. 商业研究，2019（10）：86－90，135.

［46］刘跃珍．优化国际税收体系为跨国企业提供良好税收环境［N］. 中国税务报，2022－01－12（07）.

［47］卢自强，马岩，范辉．外部门涉税数据采集问题初探［J］. 税务研究，2021（08）：118－122.

［48］马洪范，胥玲，刘国平．数字经济、税收冲击与税收治理变革．税务研究，2021（04）：84－91.

［49］毛彦．数字经济时代的区际税收挑战：成因与应对路径［J］. 财政科学，2021（05）：56－65.

［50］帕斯卡·圣塔曼，梅琳达·布朗，陈新．数字经济背景下

的国际税收规则［J］. 国际税收，2020（12）：19－25.

［51］彭敏娇，袁娇，王敏. 数字经济下跨境税收征管问题及路径选择. 国际税收，2021（06）：75－81.

［52］彭有为，管永昊. 应对数字经济发展的税收政策研究［J］. 税收经济研究，2018，23（03）：15－20，47.

［53］邵军，杨丹辉. 全球数字服务税的演进动态与中国的应对策略［J］. 国际经济评论，2021（3）：121－136，7.

［54］邵凌云，张紫璇. 数字经济对税收治理的挑战与应对［J］. 税务研究，2020（09）：63－67.

［55］申卫星. 论数据用益权［J］. 中国社会科学，2020（11）：110－131，207.

［56］石媛媛. 论我国经济数字化的税收应对——基于企业所得税视角［J］. 税务研究，2020（03）：108－111.

［57］孙红梅. 关于数字经济时代全球税收治理的几点认识——基于"双支柱"方案达成共识的视角. 财政科学，2021（11）：26－34.

［58］孙士龙. 信息经济学研究的历史和现状［J］. 经济研究，1988（07）：17，65－69.

［59］孙正，杨素，梁展硕. 第三方共享经济平台税收治理研究［J］. 税务研究，2021（08）：65－70.

［60］田宁，王晓芳. 数字经济时代产业组织协同融资决策与综合绩效［J］. 社会科学家，2021（07）：69－74.

［61］王凤飞，贾康. 电子商务税收征管：现实诉求与应对举措［J］. 税务研究，2020（08）：124－128.

［62］王宁. 英国数字服务税的实践与借鉴［J］. 财务与会计，2021（07）：83－85.

［63］王胜光. 信息产业与信息活动产值——马克·尤里·波拉特的《信息经济》［J］. 科学管理研究，1988（02）：70－73.

［64］王向东，罗勇，曹兰涛. 数字经济下税制创新路径研究

[J]. 税务研究，2021（12）：35－40.

［65］王子玥，吉黎. 全球最低税对我国数字经济发展的影响及税收治理启示［J]. 财会研究，2021（11）：33－37，80.

［66］吴小强，李晓凡，崔军. 双支柱时代国际税收环境与中资跨国企业全球税务策略［J]. 税务研究，2022（03）：79－84.

［67］谢波峰. 税收管理现代化的历史演进试析——改革开放四十年来中国税务管理的历程［J]. 财政科学，2018（09）：31－39，65.

［68］谢贞发，李梦佳. 我国地区间增值税负担与收入归属不对称问题研究：基于生产地原则和消费地原则的比较分析［J]. 税务研究，2012（2）.

［69］熊巧琴，汤珂. 数据要素的界权、交易和定价研究进展［J]. 经济学动态，2021（02）：143－158.

［70］燕晓春，吴越，肖思思，赖勤学，梁若莲. OECD 版税收征管3.0：讨论征管数字化转型［N]. 中国税务报，2021－03－24（06）.

［71］杨帆，刘怡. 重构增值税地区间分享制度［J]. 税务研究，2014（8）.

［72］吕冰洋，蔡红英，崔茂权. 实现消费地原则的增值税改革：政府间财政关系的破解之策［J]. 中央财经大学学报，2015（6）.

［73］杨淮，朱一鸣. 多轮博弈：双支柱方案分歧减少［N]. 中国税务报，2021－07－13（05）.

［74］杨庆. 数字经济对税收治理转型的影响与对策——基于政治经济学和治理理论分析视角［J]. 税务研究，2020（10）：56－62.

［75］杨晓妹，陈思伟，王有兴. 数字经济背景下中国—东盟税收协调研究——兼论国际数字税收调整的冲击［J]. 税务研究，2021（09）：70－76.

［76］银路. 经济研究中的新领域——信息经济［J]. 外国经济与管理，1989（12）：39－42.

［77］袁从帅，赵妤婕. 数字经济税收转移：机制、现状及国际

经验借鉴 [J]. 国际税收，2021 (09)：65 -72.

[78] 张钹，朱军，苏航. 迈向第三代人工智能 [J]. 中国科学：信息科学，2020，50 (09)：1281 -1302.

[79] 张春燕. 法国数字服务税法案的出台背景及影响分析 [J]. 国际税收，2020 (01)：53 -57.

[80] 张泽平，戴婧. 税收确定性视野下支柱一争议预防与解决机制评析 [J]. 国际税收，2021 (10)：49 -56.

[81] 张志勇. 应对不平等与人工智能挑战——近期西方学者的几个财税论点 [J]. 国际税收，2021 (01)：3 -13.

[82] 赵瑞琴，孙鹏. 确权、交易、资产化：对大数据转为生产要素基础理论问题的再思考 [J]. 商业经济与管理，2021 (01)：16 -26.

[83] 郑洁，程可. 规范和激励：平台经济税收征管研究 [J]. 税务研究，2021 (08)：71 -76.

[84] 郑书琼. 数字经济背景下 OECD 国际税收提案分析与启示 [J]. 国际商务财会，2021 (8)：3 -5，11.

[85] 郑伊. 税收法律中无形资产的定义问题研究. 国际税收，2019 (01)：69 -74.

[86] 朱青. 对国际税改之难要有所准备 [N]. 中国税务报，2021 -11 -03 (05).

[87] 朱青. 如何理解“双支柱”下的国际税收新规则 [N]. 中国税务报，2021 -07 -07 (05).

[88] 朱青. OECD 第二支柱中的 IIR 规则与美国 GILTI 税制的差异 [J]. 税务研究，2021 (01)：85 -88.

[89] 朱青. 合作共赢是国际税收领域的主旋律 [N]. 中国税务报，2022 -01 -12 (05).

[90] Rebecca Christie. International tax debate moves from digital focus to global minimum [EB/OL]. (2021 -5 -27) [2022 -3 -2]. https：//www. bruegel. org/2021/05/international-tax-debate-moves-from-digital-focus-to-global-minimum/.